폴 워셔의
가장
탁월한
복음

The Preeminent Christ
by Paul Washer

Copyright ⓒ 2023 by Paul Washer
Originally published in English by Reformation Heritage Books,
Grand Rapids, MI, USA.

This Korean edition ⓒ 2024 by Word of Life Press Korea, Seoul, Republic of Korea.
Translated and used by permission of Reformation Heritage Books
through rMaeng2, Seoul, Republic of Korea.
All rights reserved.

이 한국어판의 저작권은 알맹2를 통하여 Reformation Heritage Books와 독점 계약한 생명의말씀사에 있습니다. 신저작권법에 의하여 한국 내에서 보호받는 저작물이므로 무단전재와 무단복제를 금합니다.

폴 워셔의 가장 탁월한 복음

ⓒ 생명의말씀사 2024

2024년 4월 25일 1판 1쇄 발행

펴낸이 | 김창영
펴낸곳 | 생명의말씀사

등록 | 1962. 1. 10. No.300-1962-1
주소 | 서울시 종로구 경희궁1길 6 (03176)
전화 | 02)738-6555(본사) · 02)3159-7979(영업)
팩스 | 02)739-3824(본사) · 080-022-8585(영업)

기획편집 | 유영란
디자인 | 조현진
인쇄 | 영진문원
제본 | 다온바인텍

ISBN 978-89-04-16877-4 (03230)

저작권자의 허락 없이 이 책의 일부 또는 전체를
무단 복제, 전재, 발췌하면 저작권법에 의해 처벌을 받습니다.

폴 워셔의
가장 탁월한 복음

The Preeminent Christ

폴 워셔 지음 | 스데반 황 옮김

생명의말씀사

차례

서문 존 맥아더   6

1. 들어가기 전에   12
2. 사과의 글: 그 헤아릴 수 없는 풍성함   20
3. 복음의 핵심적인 내용   28
4. 복음은 모든 시대를 초월해 동일하다   49
5. 복음은 가장 탁월하다   66
6. 복음은 하나님의 최고 계시이다   71
7. 복음은 구원의 가장 중요한 메시지이다   77
8. 복음은 성화의 최고 수단이다   83
9. 복음은 가장 중요한 연구 주제이다   93
10. 복음은 설교의 최고 주제이다   106
11. 복음은 가장 영광스러운 주제이다   114
12. 복음을 소홀히 하는 것의 위험성   129
13. 마지막 권면   153

서문

존 맥아더

예수 그리스도의 복음은 죄인을 구원하시는 하나님의 한량없는 영광을 선포하기에 더없이 영광스럽다. 이 말은 하찮은 주장이 아니다.

이 광활한 우주에서 하나님의 영광보다 더 크고 숭고한 것은 없다. 더욱이 하나님의 영광은 모든 만물이 존재하는 궁극적인 목적이다. 우주와 그 안에 있는 모든 것은 오직 하나님의 영광을 드러내기 위해 창조되었다. 우리는 모두 같은 목적을 위해 지어졌다. 따라서 웨스트민스터 소요리 문답(Westminster Shorter Catechism)의 첫 번째 질문은 사람의 제일 되는 목적은 하나님을 영화롭게 하는 것과 그분을 영원토록 즐거워하는 것이라고 상기시킨다. 실제로, 성경은 우리가 어떤 순간에 무엇을 하든 하나님의 영광이 우리의 의식을 주관해야 한다고 가르친다. "그런즉 너희가 먹든지 마시든지 무엇을 하든지 다 하나님의 영광을 위하여 하라"(고전 10:31).

몇 년 전 한 출판사에서 내게 성경 한 구절을 뽑아 그 구절을 설명하고 그 구절에 맞는 교훈을 써 달라는 요청을 했다. 여러 저자들이 각자 좋아하는 성경 구절을 뽑아 설명하고 교훈하는 책을 만들고 있는데 거기에 기고해 달라는 부탁이었다. 내게는 모든 성경이 하나님의 감동으로 된 것으로 의로 교육하기에 유익하기 때문에 따로 선호하는 구절은 없었다. 하지만 그 명확하고 강한 강조를 특별히 음미하는 몇 구절이 있다. 기고를 부탁받고 내가 가장 먼저 떠올린 구절은 고린도후서 3장 18절이었다. "우리가 다 수건을 벗은 얼굴로 거울을 보는 것 같이 주의 영광을 보매 그와 같은 형상으로 변화하여 영광에서 영광에 이르니 곧 주의 영으로 말미암음이니라." 이 구절은 하나님의 영광과 복음의 메시지가 어떻게 불가분의 관계에 있는지를 묘사한다.

바울이 고린도후서 3장 18절을 둘러싼 문맥을 통해 말하려는 주제는 하나님의 영광이다. 사도는 성육신하신 그리스도께서 하나님의 영광의 살아 있는 화신이라는 점을 강조한다. 또한 그리스도께서는 우리가 구약성경에서 가끔 대하는 '쉐키나'(여호와 하나님의 시현)의 영광보다 무한히 우월한 방식으로 하나님의 영광을 우리에게 보여 주신다고 말한다. 모세 시대에 나타난 하나님의 영광의 물리적인 시현은 너무 강렬하고 다소 두려움을 주는 빛이었다. 그러므로 성소의 휘장 뒤에서 나타나야 했다. 그러나 복음 시대에는 하나님의 영광을 아는 빛이 예수 그리스도의 얼굴에 비취므로(참조. 고후 4:6) 우리는 "수건을 벗은 얼굴로 거울을 보는 것 같이"(고후 3:18) 그 영광을 볼 수 있다.

히브리서 1장 3절은 그리스도를 "하나님의 영광의 광채"라고 묘사한다. 그러나 그리스도께서 우리에게 나타내시는 영광은 단순히 밝은 빛이 물리적으로 비추는 것 이상의 의미를 갖는다. 그리스도께서는 "보이지 아니하는 하나님의 형상"(골 1:15)이시며, 은혜와 진리가 충만하시고, 아버지의 독생자로서 하나님의 영광을 완전하게 나타내신다(요 1:14). 그분은 각 사람에게 비추는 참 빛(참조. 요 1:9)이시다. 그분의 영광은 눈에 보이는 빛뿐만 아니라 그분의 거룩함과 순수함, 그분이 구현하신 진리의 명확성과 불변성, 그분의 의의 도덕적 아름다움 및 기타 여러 완전함에서 분명하게 드러난다.

놀랍게도, 고린도후서 3장 18절은 그리스도를 주와 구주로 모시는 사람은 신성한 영광에 참여하는 자라고 말한다. 모든 신자는 영광에서 영광으로(한 단계의 영광에서 다음 단계의 영광으로) 변화하는 과정을 거친다. 요컨대, 우리는 그리스도의 형상을 닮아간다(롬 8:29). 하나님의 영광이 일시적으로 희미하게 모세의 얼굴에 비쳤다가 사라진 것과는 달리, 우리는 성령에 의해 하나님의 영광을 영구히 드러내도록 그리스도를 계속 닮아가며 변화한다. 영광은 우리의 것이 아니라 오직 하나님께만 속한 것이다. 하지만 신자에게는 그리스도의 영이 내주하시기 때문에 우리는 하나님의 영광을 단순히 반사하는 것이 아니라 내면으로부터 빛나는 그 영광을 드러낸다. 시내산 기슭에서 모세의 얼굴에 있던 광채는 어느새 희미해져 사라지는 흩어지는 빛이었다. 이와는 대조적으로 고린도후서 3장 18절에 묘사된 영광은 시간이 지날수록 더욱 강해지는 영원한 영광이다.

이처럼 복음은 타락하고 죄 많은 사람들이 어떻게 구속을 받아 하나님의 영원한 영광을 위한 적합한 그릇으로 다시 만들어질 수 있는지를 설명한다. 또한 복음의 진리는 죄인들의 눈을 열어 그리스도의 영광을 보고 감사할 수 있도록 만든다. 나아가 복음은 그들의 생각과 마음을 변화시켜 하나님의 영원한 영광에 참여할 수 있는 적합한 형상을 지닌 자들로 만들어 준다. 이 모든 것이 오직 하나님의 은혜다.

따라서 사도가 자신의 메시지를 "그리스도의 영광의 복음"(고후 4:4)이라고 언급한 것은 적절하다. 즉, 복음 자체가 영광이다. 바울은 디모데전서 1장 11절에서 복음을 "내게 맡기신 바 복되신 하나님의 영광의 복음"이라고 언급했다.

복음은 죄인들을 하나님의 영광으로 확실하게 인도하기 때문에(그리고 그 자체로 영광스럽기 때문에) 이 세상의 모든 부를 합친 것보다 더 가치 있는 보물이다. 그러므로 바울은 당연히 복음을 소중히 간직하고 신실하고 꾸준하게 세상에 전파해야 할 귀중한 교리로 여겼다. 그는 디모데에게도 복음의 교리를 잘 지키라고 부탁했다(딤전 6:20). "너는 … 내게 들은 바 바른 말을 본받아 지키고 … 네게 부탁한 아름다운 것을 지키라"(딤후 1:13-14). 사도는 믿음의 참

아들에게 "네가 많은 증인 앞에서 내게 들은 바를 충성된 사람들에게 부탁하라 그들이 또 다른 사람들을 가르칠 수 있으리라"(딤후 2:2)라고 말했다.

오늘날 안타깝게도 가시적 교회에서 복음의 영광과 가치가 제대로 인정받지 못하고 과소평가되고 있다. 나는 가볍고 얕팍한 피상적인 것들로 가득한 이 시대와 극명한 대조를 이루는 폴 워셔의 외침과 글에 감사한다. 그는 복음의 가치와 탁월함을 이해하고 있으며 복음에 헌신하고 있다. 그는 열정과 명료함으로 복음의 이야기를 써 내려간다.

나는 그가 이 책에서 복음을 능숙하게 설명하고, 복음의 놀라운 유산을 설명하며, 복음의 헤아릴 수 없는 가치를 입증하고, 복음이 교회에서나 개인적으로 정당한 자리를 차지할 수 있도록 설득력 있게 주장한 점을 기뻐한다. 복음은 우리의 연구와 대화와 친교와 예배에서 가장 중요한 위치에 있어야 한다. 나도 복음을 설명하고 옹호하고 선포하는 여러 권의 책을 썼다. 폴 워셔는 이 작은 책에 하나님의 영광을 소중히 여기는 모든 그리스도인이 읽어야 할 중요한 내용을 깔끔하게 요약하고 있다.

존 맥아더

1.
들어가기 전에(PROLEGOMENON)

'프롤레고메논'(*prolegomenon*)은 '미리 말하다'라는 뜻의 헬라어 동사 '프로레게인'(*prolegein*)에서 유래한 단어다. 문학에서 이 단어는 책을 쓴 목적에 대한 간략한 요약과 저자가 그 목적을 달성하고자 하는 방식에 대한 설명을 의미한다.

이성적인 존재라면 어떤 노력을 하든 최고의 목표와 목적을 선택한다는 것이 신학적이며 철학적인 준칙(maxim)이다. 기독교 작가에게 있어 이 위대한 목적 또는 '최고의 선'(라틴어로 *summum bonum*)은 사도 바울이 고린도전서 10장 31절에서 "그런즉 너희가 먹든지 마시든지 무엇을 하든지 다 하나님의 영광을 위하여 하라"고 명령했듯이 하나님의 영광이어야 한다. 그러므로 이 간략한 작품은 하나님의 영광과 찬양을 위해 쓰였으며, 그리스도와 그의 복음을 많이 다룰 것이다.

하나님의 영광

사람이 어떻게 하나님께 영광을 돌리는 일을 하거나 글을 쓸 수 있을까? 시편 기자는 "사람이 무엇이기에 주께서 그를 생각하시며 인자가 무엇이기에 주께서 그를 돌보시나이까"(시 8:4)라고 묻는다. 하나님과 사람을 비교할 때, 사람이 하나님께 복을 베풀 수 있다거나 작은 자가 큰 자를 위해 영광이 되는 글을 쓸 수 있다고 생각하는 것은 매우 불합리해 보인다(히 7:7). 그럼에도 불구하고 성경은 우리가 말과 행동으로 하나님께 영광을 돌릴 수 있으며 또 돌려야 한다고 분명히 말한다(고전 10:31). 그러나 우리가 주께서 자신에 대해 말씀하신 대로 말하거나 글을 쓸 때만 하나님께 영광을 돌릴 수 있다고 성경은 가르친다(사 8:20).

그리 학구적이지 못한 나는 성경에서, 특히 우리 주시며 구주이신 예수 그리스도의 복음에서 자신을 계시하신 하나님에 대해 글을 쓰려고 한다. 하나님은 창조, 섭리, 율법 등 여러 방법으로 자신을 계시하셨지만, 이 모든 것을 합쳐도 복음을 통한 하나님의 계시에는 10분의 1도 이르지 못한다. 하나님은 복음의 메시지를 통해 자신을 가장 온전히 계시하시며 가장 충분히 알리신다. 그러므로 우리가 이 글을 위해 채굴을 시작할 곳은 십자가와 빈 무덤이다. 그곳에서 발견되는 금, 다이아몬드, 보석 덩어리 하나하나가 우리의 마음을 넓혀 하나님을 존경하고, 믿고, 찬양하게 할 것이다. 존 오웬은 "참된 신학의 궁극적인 목적은 죄인들을 영원히 구원하신 하나님의 영광과 은혜를 찬양하는 것이다"라고 썼다.[1]

하나님을 가장 분명히 드러냄

하나님을 영화롭게 하거나 찬양하려면 그분의 분명한 탁월함을 알아야 한다. 그분의 탁월함은 예수 그리스도를 통해 가장 분명하게 나타난다. 사도 바울은 고린도후서 4장 6절에서 "하나님의 영광을 아는 빛"이 그리스도의 얼굴에 있다고 썼다. 이 구절에서 바울이 뚜렷하게 뜻하는 바는 하나님에 대한 지식은 예수 그리스도와 그분이 그의 백성을 대신하여 행하신 위대한 구속 사역에서 가장 분명하게 드러난다는 것이다.

성경은 조금도 주저함이나 변명 없이 나사렛 예수님과 그의 갈

---

1) John Owen, *Biblical Theology* (Morgan, Pa.: Soli Deo Gloria, 1996), 619.

보리에서의 죽음을 인간과 천사에게 주신 하나님의 가장 위대한 계시라고 선언한다. 피조물과 율법과 하나님의 섭리를 통해 아무리 많은 빛을 볼 수 있다 해도 예수님이 이 세상에 비추시는 "공의로운 해"(말 4:2)와 그 빛에 비하면 그것들은 모두 불꽃에 불과하다. 예수님은 "나를 본 자는 아버지를 보았거늘"(요 14:9)이라고 선언하셨고, 사도 바울은 "그[그리스도] 안에는 신성의 모든 충만이 육체로 거하시고"(골 2:9)라고 기록했다. 히브리서 기자도 "이는[그리스도께서는] 하나님의 영광의 광채시요 그 본체의 형상이시라"(히 1:3)고 단언했다.

우리는 이 위대한 성경적이고 개혁주의적이고 복음적인 진리에 따라 그리스도와 그의 복음을 앎으로써 하나님을 알기 위해 노력할 것이다. 우리는 성육신 이전에 영광 가운데 계신 성자, 그의 성육신, 그의 완전한 삶, 그의 고난과 갈보리에서의 죽음, 그의 부활, 그리고 마지막으로 모든 사람의 구주와 주와 심판주로 영광과 존귀를 얻으심을 상고할 것이다. 우리의 확실한 소망은 우리가 그리스도를 많이 알면 알수록 하나님을 더 많이 알게 되는 것이고, 그분에 대한 우리의 존경심이 더 커질수록 우리의 찬양이 더 널리 퍼지고 더 순전해지는 것이다.

무한히 영광스러운 그리스도를 몇 줄의 글로 표현하는 것은 불가능하지만, 나의 바람은 온 힘을 다해 진심으로 당신에게 그리스도를 보여 주는 것이다. 당신이 그리스도에 대한 더 많은 지식과 존경심을 갖게 된다면 나는 그것으로 만족할 것이다.

존 플라벨은 다음과 같이 썼다.

내 글이 탁월함과 풍성함으로 영광을 얻더라도 그 영광은 단지 종이의 영광이다. 그러나 내 글이 (이 책이 의도하는 것처럼) 예수 그리스도의 초월적인 탁월함을 보여 준다면 내게서 이 책을 받는 자들과 또한 섭리 가운데 이 책을 읽게 되는 자들 역시 그분께 영광을 돌릴 것이다. 이런 경우 그것은 참으로 하나님께 영광이 될 것이며 영원토록 하나님을 영화롭게 하는 기회가 될 것이다.[2]

그리스도를 제시하는 것만으로 끝이 아님을 기억하라. 그 이상의 큰 목적이 있다. 곧 우리가 그리스도를 보며 그분께 영원히 사로잡히는 것이다. 죄인의 가장 큰 필요는 성령의 중생하게 하시는 역사와 깨닫게 하시는 역사를 통해 성경에서 그리스도를 보는 것이다. 하나님은 이사야 선지자를 통해 "땅의 모든 끝이여 내게로 돌이켜 구원을 받으라 나는 하나님이라 다른 이가 없느니라"(사 45:22)고 선포하셨다. 그리스도인의 가장 큰 필요는 정도의 차이만

---

2) John Flavel, *The Works of John Flavel* (Carlisle, Pa.: Banner of Truth, 1997), 1:xvii.

있을 뿐 동일하다. 즉, 우리는 그리스도를 닮기 위해 그분을 더 많이 볼 필요가 있다(요일 3:2). 그러므로 사도 바울은 "우리가 다 수건을 벗은 얼굴로 거울을 보는 것 같이 주의 영광을 보매 그와 같은 형상으로 변화하여 영광에서 영광에 이르니 곧 주의 영으로 말미암음이니라"(고후 3:18)라고 기록했다.

거듭난 사람은 그리스도를 많이 만날수록 그분과 더욱 친밀해진다. 하나님의 백성이 그리스도의 성품과 사역의 한없는 탁월함을 많이 찾고 발견할수록, 그들은 더욱 주를 사랑하게 되고 친교와 제자훈련을 통해 더욱 그분께로 다가간다. 그러므로 강단에서든, 손에 쥔 펜으로든, 그리스도의 탁월함을 알리는 것이 강해자의 주요 임무다. 이런 이유로 강해자는 군중 속에서 물러나 성경에서 복음의 보석을 찾기 위해 서재에 들어간다. 그는 자신의 마음을 풍요롭게 하려고 노력하지만, 그가 더욱 열정적으로 바라는 것은 하나님의 백성이 그가 보는 것을 보고 그것에 매료되어 그분의 사랑에 강권되는 것이다.

휴 마틴도 다음과 같은 말을 했다.

어떻게 해야 참된 영광을 담은 심오한 신학이 건조하고 형식적이며 추상적인 사변이 아니라 모든 교회에 영적인 생명을 주는 기쁨 넘치는 시녀, 즉 사랑스러운 유모가 될 수 있을까? 이는 신학이 가장 빛나는 보물들을 샅샅이 찾아내 그것들로 사람들을 끌어당기는 매력적이고 설득력 있는 논거를 삼을 때 가능하다. 즉, 죄수를 감옥에서 나오게 하고 어둠 속에 있던 사람들이 자신을 드러내도록 신학이 반드시 보여 주어야 하는 가장 훌륭하고 풍부한 이론들을 강력하게 제시하는 때다!3)

복음의 참된 강해는 지적인 노력으로 그치지 않고 훨씬 더 높은 이상을 향한다. 그 목표는 머리가 하나님에 대한 위대한 생각에 몰두하고, 마음이 하나님의 사랑으로 불타고, 몸이 하나님을 섬기는 데 활기를 띠고, 입술이 하나님을 찬양하는 데 헌신되는 것이다. 이것이 내가 이 책을 쓴 이유다. 나의 바람은 아이작 암브로스가 그의 대표작 『예수를 바라보라』의 서문에 쓴 내용과 동일하다.

오! 모든 사람들, (특히 이 책을 읽는) 모든 사람들이 '예수님을 바라보는' 이 복음의 기술을 당장 실천하기를 바란다! 만일 그들이 여기서 천국을 발견하지 못한다면, 이 책은 실패작이 될 것이다. 오직 그들이 주를 바라보며 그분께 나오는 은혜가 그들의 영혼을 채울 수 있기를 기도한다. … 그리스도께서 이루신 영원한 구속 사역 안

---

3) Hugh Martin, *The Atonement: In Its Relations to the Covenant, the Priesthood, the Intercession of Our Lord* (Edinburgh: James Gemmell George IV. Bridge, 1882), 221.

에서 그분을 올바르게 바라보면 우리는 그 어떤 것보다 그리스도를 가장 사모하게 될 것이다. 그 마음은 이제 모든 것, 모든 능력, 모든 사랑, 모든 거룩함, 모든 행복이신 그리스도 외에는 아무것도 바라지 않는다. 그러한 영혼에게 세상과 금과 이 땅의 영광을 말해 보라. 그러면 그 영혼은 주저하지 않고 당신에게 세상과 그 영광은 배설물과 같다고 말할 것이다. "모든 것을 해로 여김은 내 주 그리스도 예수를 아는 지식이 가장 고상하기 때문이라"(빌 3:8). 그 영혼은 "내게 하나님과 그리스도를 주소서, 그렇지 않으면 나는 죽습니다. 오 나의 바람은 나를 위하여 이 모든 것을 행하신 그에게 있습니다"라고 말할 것이다.[4]

---

4) Isaac Ambrose, *Looking unto Jesus: A View of the Everlasting Gospel* (Harrisonburg, Va.: Sprinkle Publications, 1986), viii, 75; 아이작 암브로스, 「예수를 바라보라」, 부흥과개혁사.

2.
사과의 글: 그 헤아릴 수 없는 풍성함

옥스퍼드 영어 사전은 '사과'(apology)의 의미를 '유감스럽게도 실패를 인정함'이라고 정의한다. 나는 이 책의 서두에서 이러한 사과를 할 수밖에 없다. 설교자가 아무리 지식이 풍부하고 웅변력이 뛰어나고, 글을 쓰는 사람이 아무리 부지런하고 정확하다 해도 예수 그리스도의 복음의 가장 작은 부분에도 미치지 못한다. 사막의 모래알이나 하늘의 수많은 별을 셀 수 있는 사람은 아무도 없다. 하지만 이 두 가지 일마저도 그리스도와 그의 복음의 탁월함과 아름다움을 설명하는 것보다 훨씬 더 쉬울 것이다. 존 뉴턴은 "인간이나 천사도 '그리스도 예수께서 죄인을 구원하시려고 세상에 임

하셨다'(딤전 1:15)는 이 한 구절의 깊이를 온전히 표현하기란 불가능하다"라고 썼는데,[1]

윌리엄 베이츠도 이와 동일한 진술을 했다.

자, 복음의 교리는 가장 고상한 모든 과학을 능가합니다. 그것은 묵상이 필요할 뿐만 아니라 실천을 필요로 합니다. … 그것은 영혼에 가장 큰 감동을 줍니다. 가장 강한 영들도 그것의 위대함을 완전히 이해할 수 없으며, 그것을 조금이나마 이해하게 될 때는 그 영광의 무게에 짓눌리게 됩니다. 하늘의 빛을 보고, 그 어떤 사람도 가지지 못했던 지식을 가진 사도라도 하나님의 지혜의 일부분을 대하며 놀라움을 터뜨립니다. "깊도다 하나님의 지혜와 지식의 풍성함이여, 그의 판단은 헤아리지 못할 것이며 그의 길은 찾지 못할 것이로다"(롬 11:33). 시편 기자가 "주여, 우리를 향하신 주의 생각이 어찌 그리 기이한지요!"라고 표현한 것처럼, 우리가 뛰어나신 이 대상을 온 마음을 다해 상고하며 우리의 지각의 한계를 느낄 때 우리의 이해의 결함을 감탄으로 채우는 것이 마땅합니다.[2]

---

[1] John Newton, *The Works of John Newton* (Carlisle, Pa.: Banner of Truth, 1988), 2:279.
[2] William Bates, *The Harmony of the Divine Attributes* (Birmingham, Ala.: Solid Ground Christian Books, 2010), 101–2.

우리가 다루는 이 주제는 인간 및 천사의 생각과 말을 초월하는 것이기에 작가와 설교자는 실패하기 쉽고, 심지어 반드시 실패할 수밖에 없다. 설교자가 연구에 힘을 쏟고, 기도에 영혼을 쏟아붓고, 강단에서 지쳐 쓰러질 정도로 수고하더라도 그는 절반은커녕 10분의 1도 제대로 언급하지 못했음을 알고 고개를 숙이고 단에서 내려와야 한다. 존 플라벨은 이 사실을 잘 전달한다.

오! 아름다운 태양과 아름다운 달과 아름다운 별과 아름다운 꽃과 아름다운 장미와 아름다운 백합과 아름다운 피조물이여! 그러나 오, 만 배, 천만 배 더 아름다운 주 예수님! 아아, 이렇게 비교했지만 이것은 주께 누를 끼치는 것이로구나. 오, 검은 해와 달이여, 그러나 오 아름다운 주 예수님! 오 검은 꽃들아, 검은 백합과 장미들아, 그러나 오 아름답고 찬란한 영원히 아름다우신 주 예수님! 오, 모든 아름다운 것들아! 너희를 가장 아름다우신 주 예수님 곁에 두면 너희는 검고, 기형적이며, 아름답지 않구나! 오 검은 천국이여, 그러나 오 아름다운 그리스도여! 오 검은 천사들아, 그러나 오 놀랍도록 아름다우신 주 예수님![3]

3] Flavel, *Works of John Flavel*, 1:xix-xx.

온 기독교계(Christendom)의 가장 위대한 마음과 정신도 복음이라는 가장 높은 에베레스트 산기슭에 도달하지 못했다. 천국에서 영원의 영원을 보낸 후에도 우리는 그 정상에 도달하지 못할 것이다. 이 말은 우리가 구원을 얻지 못할 정도로, 또는 깊게 복음을 이해할 수 없다는 뜻이 아니다. 이 말은 단순히 복음의 무한한 속성을 인정하는 것이다. 사도 바울조차도 "우리가 지금은 거울로 보는 것 같이 희미하나"(고전 13:12)라고 했고 "깊도다 하나님의 지혜와 지식의 풍성함이여, 그의 판단은 헤아리지 못할 것이며 그의 길은 찾지 못할 것이로다"(롬 11:33)라고 인정했다.

에드워드 페이슨도 다음과 같이 썼다.

복음이 여호와 하나님의 도덕적 탁월함과 완전함을 웅장하게 드러낸다는 사실은 복음의 본질을 모르는 영적으로 눈먼 사람들 외에는 누구나 인정할 것이다. 그러나 하나님의 장엄한 성품을 개괄적으로만 보여 주려고 해도 한 번의 담론이나 심지어 한 권의 책으로는 불가능하다. 그보다는 등불의 빛으로 태양을 가리는 것이 더 쉬울 것이다. 그러므로 우리는 우리의 설명과 개념으로 오히려 영원히 격하될 수밖에 없는 그런 주제들을 (예를 들어, 보좌 앞에 있는 가장 높은 천사장과 같은 주제) 다루어서는 안 된다. 구원의 복음을 고안하신 영원하고 전지한 하나님의 마음은 우리의 글로 충분히 담아낼

수 없고 우리의 어리석은 마음으로는 복음에 담긴 하나님의 영광을 충분히 이해할 수 없다.[4]

17세기 청교도 신학자인 존 오웬은 교회 역사상 가장 위대한 신학자 중 한 명이다. 총 16권으로 구성된 그의 작품과 총 7권으로 구성된 히브리서 주석은 타의 추종을 불허한다. 그러나 그는 자신이 그토록 열정적으로 설명하고자 했던 복음의 무한한 위대함을 인식하면서 다음과 같은 글을 쓸 수밖에 없었다.

> 그리스도의 신학을 정립하는 것이 내가 공언한 의도이자 명시된 목적이었다(이 목적이 이 작업을 하게 된 가장 유일한 목적이었다). 이것은 단지 복음을 가르치는 것만이 아니라 복음을 받아들일 수 있는 마음을 갖도록 의도한 것인데, 이 목표는 이 책을 쓰기 시작하는 때부터 항상 내게 있었다. … 나는 개인적으로 하늘의 지혜를 연구하는 데 있어서 어떤 위대한 수준에 도달했다고 생각하지 않으며, 그런 고상한 문제에 대해 토론하거나 가르칠 때 가련할 정도로 말을 더듬거리지는 않게 되었다고 주장하는 것도 아니다. 우리는 기껏해야 부분적으로 알 수 있는 자리에 서 있다. 여기에 인간의 지성

---

[4] Edward Payson, *The Complete Works of Edward Payson* (Harrisonburg, Va.: Sprinkle Publications, 1998), 3:42-43.

으로는 결코 파악할 수 없는 주제가 있다. 그 주제는 오직 우리가 거울로 보는 것처럼 희미하게 보는 것을 멈추고 주께서 나를 아시는 것 같이 내가 영원히 하나님을 즐거워하게 될 때야 온전히 알게 될 것이다(고전 13:12). 사도 바울은 "만일 누구든지 무엇을 아는 줄로 생각하면 아직도 마땅히 알 것을 알지 못하는 것이요"(고전 8:2)라고 말한다. 우리는 우리의 지독한 무지와 게으름의 수치를 부인할 필요가 없다.[5]

존 오웬과 같은 신학자들과 위대한 사도 바울조차도 복음에 대한 그들의 제한된 이해와 그것을 설명할 수 없는 무능력을 공개적으로 인정했다면, 그런 고상한 문제를 다루는 나의 무능력은 얼마나 더하겠는가? 내가 가진 모든 힘을 다하고 내 능력을 다 쏟아부었어도 내가 밝혀낸 것은 아직 밝혀내지 못한 것에 비하면 아무것도 아님을 인정한다. 내가 이 책에 쓴 복음의 진리들을 살펴볼 때, 나도 욥처럼 "보라 이런 것들은 그의 행사의 단편일 뿐이요 우리가 그에게서 들은 것도 속삭이는 소리일 뿐"(욥 26:14)이라고 외칠 수밖에 없다. 그리고 복음의 진리에 대한 나의 진술을 검토하면서 또다시 욥처럼 "나는 깨닫지도 못한 일을 말했고 스스로 알 수도

---

[5] Owen, *Biblical Theology*, 591.

없고 헤아리기도 어려운 일을 말하였나이다"(욥 42:3)라고 고백할 수밖에 없다.

존 플라벨은 위대한 학자들조차 그리스도를 그에게 합당한 방법으로 표현하지 못하는 인간의 무능함을 한탄했는데, 나는 여기서 위로와 용기를 얻는다.

그러나 온 세상은 그리스도의 영광이나 그분 안에 숨겨진 헤아릴 수 없는 풍요를 그 절반도 펼쳐 보일 수 없다. 그리스도의 영광과 풍요는 나처럼 더듬거리는 혀와 낙서하는 펜으로는 훼손만 될 뿐이다. 오히려 하나님의 영광이 가득한 하늘로부터 오는 말씀을 듣고 깨달은 회중이 주를 찬양할 때 훨씬 더 분명하게 선포되고 더욱 온전히 이해될 것이다.

아아! 나는 오직 희미한 달빛에 비추어 그분을 찬양하는 글을 쓰지만, 절반도 제대로 찬양할 수 없다. 사실, 그리스도께서 친히 하시는 말 외에 그분을 찬양하는 일을 수행하기에 충분한 언어는 없다. 내가 그리스도에 대해 무엇을 말할 수 있겠는가! 그 대상의 탁월한 영광은 모든 이해를 어지럽히고 모든 표현을 삼켜 버린다. 우리가 가장 탁월하고 아름다운 속성을 가진 피조물로부터 모든 장식을 벗겨내고 은유를 빌려와서 그리스도께 그 모든 영광을 입힐지라도, 심지어 우리의 혀가 닳을 정도로 그분을 찬양할지라도, 아

아! 모든 것이 끝났을 때 우리가 한 것이 아무것도 없도다.[6]

"만일 복음을 전하지 아니하면 내게 화가 있을 것이로다"(고전 9:16)라는 바울의 말처럼, 나 역시 실패에도 불구하고 글을 써야 한다. 복음을 설명하기에 부족한 나의 무능함과, 복음을 전해야 하는 나의 절대적인 필요 사이에서 갈등하면서 나는 이 책을 권한다. 휴 마틴이 복음에 관해 글을 쓰며 탄식했듯이, "나도 이 글이 내게 주어진 임무를 수행하는 데 매우 빈약하다는 것을 알고 부끄럽지만, 그럼에도 미력하나마 이 글을 보고에 집어넣는다."[7] 존 번연의 고전 작품인 『천로역정』의 결론에서 가져온 멋진 조언으로 이 사과의 글을 마무리하겠다.

당신이 여기서 발견한 나의 찌꺼기 중 무엇이든 과감히 버리되 금은 보존하라. 내 금이 광석에 싸여 있다면? 씨 때문에 사과를 버리는 사람은 없다. 그러나 당신이 모든 것을 헛된 것으로 여기고 전부 내다버린다면, 다시 허망한 꿈을 꾸어야 할 것이다.[8]

---

6) Flavel, *Works of John Flavel*, 1:xviii.
7) Hugh Martin, *The Shadow of Calvary* (Carlisle, Pa.: Banner of Truth Trust, 2016), 9–10; 휴 마틴, 『갈보리의 그림자』, 지평서원.
8) John Bunyan, *The Pilgrim's Progress* (Carlisle, Pa.: Banner of Truth Trust, 2017), 190; 존 번연, 『천로역정』.

3.
복음의 핵심적인 내용

'복음'이라는 단어는 기독교 어휘에서 가장 자주 사용되는 용어 중 하나다. 그런데 이 단어가 건네는 힘은 복음의 성경적인 의미를 이해하는 정도와 비례한다. 성경의 모든 페이지에서 드러나는 복음의 의미가 있고, 하나님의 아들 예수 그리스도의 정체와 그분의 구속 사역을 중심으로 하는 매우 독특하고 특이한 메시지를 가리키는 복음의 의미가 있다. 나는 이 연구에서 후자의 의미로 '복음'이라는 단어를 사용하고자 한다.

성경을 죽 읽으면서 우리는 복음이 많은 메시지 중 하나가 아니라 오히려 모든 메시지 중의 메시지라는 것을 알게 된다. 우리는 복음을 연구하고 소중히 여겨야 하고 하나님이 인간에게 주신 가장 위대한 계시이자 유일한 구원의 메시지로 선포해야 한다. 또한 그리스도인은 복음을 수단으로 하여 하나님의 본성과 뜻에 순종하며 변화되어야 한다.

용어 정의

복음을 뜻하는 영어단어 '가스펠'(gospel)은 고대 영어단어인 '고드스펠'[godspel; gōd(좋은) + spel(뉴스, 이야기)]에서 파생되었다. 일반적인 의견과 달리, 고대 영어단어 '고드'(gōd)에는 긴 모음을 나타내는 부호가 붙어 있는데(ō), 이는 '하나님'이 아닌 '좋은 것'을 가리킨다. 즉, 가스펠은 '하나님의 소식'이 아닌 '좋은 소식'이라는 뜻이다. 또 신약성경에서 복음은 헬라어 '유앙겔리온'[euangélion; eù(좋은) + aggéllō(선포하다)]으로 표기되는데, 이 단어는 '좋은 소식', '즐거운 소식', '기쁜 소식'을 의미한다. 교회 라틴어에서 복음은 '보나 아눈티아티오'(bona annuntiatio, 좋은 발표) 또는 '보너스 눈티우스'(bonus nuntius, 좋은 메시지)로 번역된다.

이 장에서 우리는 복음의 본질적인 요소에 대해 간략하게 살펴보고 복음의 실제적인 정의에 대해 연구할 것이다. 그러나 더 진도를 나아가기 전에 독자는 복음이 좋은 소식이며 복음 선포는 복된 소식을 선포하는 것임을 확실히 해야 한다. 우리가 성경에서 복음을 전할 때 죄, 하나님의 진노, 정죄, 죽음과 같은 여러 중대한 주제를 많이 다루지만, 이러한 주제는 그 자체로 목적이 아니라 하나님의 은혜와 그분이 주시는 구원을 보여 주기 위한 수단일 뿐이다.

신약성경의 두 구절은 복음의 메시지에 담긴 선과 기쁨을 가장 잘 요약하고 있다. 첫 번째 본문은 누가복음 2장 9-10절이다. "주의 사자가 곁에 서고 주의 영광이 그들을 두루 비추매 크게 무서워하는지라 천사가 이르되 무서워하지 말라 보라 내가 온 백성에게 미칠 큰 기쁨의 좋은 소식을 너희에게 전하노라."

거룩하신 하나님이 메신저의 모습으로라도 죄 많은 인간에게 가까이 다가오신다면 두려울 것이다. 하나님은 평화의 올리브 가지를 들고 오셨는가, 아니면 심판의 칼을 들고 오셨는가? 사무엘 선지자가 베들레헴에 가까이 왔을 때 "성읍 장로들이 떨며 그를 영접하여 이르되 평강을 위하여 오시나이까"(삼상 16:4)라고 물었다. 한 성읍의 장로들이 자신과 같은 노인 앞에서 그런 두려움을 느꼈다면, 주님의 천사 앞에서 목자들이 느낀 두려움은 엄청났을 것이다. 하지만 그들이 천사가 "큰 기쁨의 좋은 소식"을 가지고 하나님으로부터 왔다는 소식을 들었을 때 얼마나 안도감을 느꼈을까? 복음 사역에 부름 받은 우리도 이와 같은 기쁜 소식을 가지고 보냄을 받았다는 사실을 항상 기억해야 한다. 우리는 비록 슬프고 고통스럽고 무거운 문제들도 다루어야 하지만, 회개하고 믿는 모든 사람에게 구원의 약속을 전해야 한다. 우리의 메시지는 구원의 약속을 거부하는 사람들만 정죄한다.

복음의 선함과 기쁨을 강력하게 전달하는 두 번째 본문은 로마서 10장 15절인데, 거기서 바울은 이사야 52장 7절을 인용했다. "아름답도다[또는 사랑스럽도다] 좋은 소식을 전하는 자들의 발이여."

먼저, 반복적인 표현을 주목하라. 단순한 문법으로 복음의 선함을 강조하기란 이사야와 바울에게 매우 어려운 일이었을 것이다. 그들은 복음이 최고의 소식이라는 것을 말하기 위해 문법의 한계를 넘어서고 있다. 둘째, '아름답도다' 또는 '즐겁도다'라는 단어에 주목하라. 복음은 분별력과 믿음이 있는 마음에 좋은 소식이기 때문에 복음을 전하는 메신저의 무뎌지고 더러워진 발조차도 '아름답게' 또는 '사랑스럽게' 만든다고 한다!

사형수가 사형 집행 직전에 느낄 공포와 절망을 상상해 보라. 하지만 교수형 집행관이 올가미를 조이는 순간, 한 메신저가 교수대의 계단을 뛰어 올라가 "좋은 소식입니다! 좋은 소식입니다! 왕께서 사면을 허락하셨습니다!"라고 외친다. 그 메신저는 땀과 진흙으로 흠뻑 젖었지만, 그의 메시지는 아름다웠고 그 죄수는 망설임 없이 그를 끌어안는다.

또는 작은 도시 국가의 시민이 살인과 약탈을 목적으로 국경에 모인 거대한 군대를 보았다고 상상해 보라. 이에 대응하여 그 도시 국가의 왕은 군대를 소집한 후 다가오는 거대한 무리에 맞서러 나갔다. 그 후 아무런 소식 없이 하루하루가 지난다. 그 기간은 도시의 멸망을 말하는 듯하다. 그때 멀리서 한 명의 주자가 헐떡거리며 달려온다. 시민들은 공포 가운데 숨을 죽이고 말한다. "왕과 그의 군대 전체가 멸망한 것일까? 단 한 사람만이 살아남아 죽음의 메시지를 전하러 오는 것일까?"

마지막 희망의 불빛이 완전히 꺼졌을 때, 갑자기 메신저의 목소리가 들린다. "좋은 소식입니다! 좋은 소식입니다! 왕이 승리하셨습니다! 적을 물리쳤습니다! 우리는 죽지 않고 살게 되었습니다!" 메신저는 전장의 피와 악취로 더러워진 상태지만 그가 전하는 메시지로 아름다워지고, 시민은 두 팔을 벌리고 기쁨의 함성을 지르며 그를 맞이한다.

하나님은 그분의 아들의 구속 사역을 묘사하기 위해 '복음'이라는 가장 훌륭한 단어를 선택하셨다. 죽음, 지옥, 그리고 무덤을 정복하신 그리스도께서는 이제 그분의 승리와 그의 백성을 위한 구원의 기쁜 소식을 알리기 위해 세상의 가장 먼 곳까지 사신을 보내신다!

필수 요소들

구약과 신약 전체에 걸쳐 성경은 복음의 내용을 요약한 다양한 진술을 담고 있다. 가장 중요한 몇 가지는 창세기 3장 15절, 이사야 53장 1-12절, 요한복음 3장 16-17절, 로마서 3장 25-26절, 고린도전서 15장 3-4절, 고린도후서 5장 21절 등이다. 이 책에서 우리는 다른 많은 본문과 함께 이 구절들을 심도 깊게 살펴볼 것이다. 그러나 지금은 개론을 위해 성경에 명시된 복음의 주요 요소 또는 필수 요소를 간략하게 짚어 보겠다.

하나님의 성품

하나님이 누구신지 알지 못하면 누구도 실재를 이해할 수 없다. 잠언 9장 10절은 "거룩하신 자를 아는 것이 명철이니라"고 말한다. 이 사실은 특히 예수 그리스도의 복음과 관련하여 그렇다. 즉, 우리는 하나님의 성품을 이해하지 않고는 복음을 올바르게 이해할 수 없다. 왜 그리스도께서는 죽으셔야 했는가? 그 이유는 하나님이 거룩하고 의로우시기 때문이다. 왜 그리스도께서는 죽으셨는가? 하나님은 사랑이시기 때문이다! 이 두 질문은 하나님의 성품에서 답을 찾을 수 있다.

흔히 인간의 가장 큰 문제는 죄라고 말한다. 이 말은 틀린 말은 아니지만 불완전하다. 하나님이 비도덕적이거나 부도덕하다면 죄는 하나님과의 교제에 아무런 방해가 되지 않을 것이다. 하지만 하나님은 거룩하고 의로우시기 때문에 죄가 문제가 된다. 사실 복음 전체는 죄인의 형벌을 요구하는 하나님의 의(출 34:7)와 악인의 죽음을 기뻐하지 않으시는 하나님의 자비(겔 18:23, 33:11)를 연결시키는 것과 관련되어 있다. 하나님은 악인을 벌하시면서 어떻게 자비를 베푸실 수 있는가? 어떻게 사랑하시면서 동시에 공의로우실 수 있는가? 그 대답은 그리스도와 그의 사역에서 찾을 수 있다. 그리스도께서는 자기 백성의 죄를 짊어지시고, 그들을 대신하여 하나님의 진노를 받으심으로 그들을 향한 하나님의 공의의 요구를 충족시키셨다. 이것이 복음의 핵심인데, 이는 계시를 통해 하나님의 성품을 알게 될 때에만 이해할 수 있다!

인간의 부패

복음을 제대로 이해하려면 인간의 도덕적 타락과 하나님에 대한 끊임없는 반역에 관한 성경의 증언을 믿고 알아야 한다. 아담은 '이마고 데이'(imago Dei), 즉 하나님의 형상대로 지음 받았다(창 1:27). 그러나 그가 하나님께 반역하고 원래의 의의 상태에서 타락하자 인류와 세상도 타락하게 되었다(롬 5:12; 8:20-22). 인류에게는 하나님의 형상 중 일부가 남아 있지만(약 3:9), 아담의 죄책을 짊어지게 되었고, 도덕적으로 부패한 본성을 소유하게 되었으며, 자

발적으로 하나님께 반역하게 되었다(창 5:3; 8:21; 롬 3:10-23; 엡 2:1-3; 4:17-19). 결과적으로, 인류는 하나님과의 교제에서 분리되었고, 하나님의 의로운 진노 아래 놓이게 되었다(요 3:36; 롬 1:18). 우리 편에서는 하나님과의 화해란 절대적으로 불가능하다. 하지만, "무릇 사람이 할 수 없는 것을 하나님은 하실 수 있다"(눅 18:27). 하나님은 그분의 아들의 죽음과 부활을 통해 구원을 마련해 주셨다.

예수 그리스도의 복음은 우리의 죄를 무시하거나 경시하지 않고 오히려 그 추악함을 전면에 드러내 십자가에서 다룬다(사 53:4-6, 10; 벧전 2:24; 3:18). 우리가 복음의 이 본질적인 진리를 제거하거나 가볍게 여긴다면, 우리는 복음의 내용을 왜곡하고 그 능력을 축소하며 스스로 심판을 자초하게 될 것이다(갈 1:8-9)!

그리스도의 위격과 성육신 이전의 영광

복음은 성자 하나님이 육신이 되시고(요 1:1), 죄 많은 사람들 가운데 거하시며(요 1:14), 그의 백성을 위한 대속 제물로서 고난 받고 죽으신 역사적 기록이다(마 27:50; 막 15:37; 눅 23:46; 요 19:30). 이 놀라운 행위는 종종 낮아지심 또는 비우심이라고 불린다. 그러나 그분의 성육신 이전의 영광의 위대함을 이해하지 않는 한, 이런 용어조차도 하나님의 아들의 낮아지심의 위대함을 온전히 전할 수 없다. 갈보리에서 고난을 당하고 죽으신 분은 단순한 사람이나 천사장, 또는 반신반인(demigod)이 아니셨다. 그분은 "높이 들린 보좌에 앉으셨는데 그의 옷자락은 [하늘] 성전에 가득했던" 바로 그분이었고, 스랍들이 모시고 서서 얼굴을 가리고 "거룩하다 거룩하다 거룩하다 만군의 여호와여 그의 영광이 온 땅에 충만하도다"라고 외쳤던 바로 그분이었다(사 6:1-3, 참조. 요 12:41).

한 사람이 다른 사람을 위해 목숨을 바치는 것은 위대한 일이다. 그러나 세상을 창조하시고 붙들고 계신 하나님의 아들이 죄 많은 인간을 위해 목숨을 바친다는 것은 불가해한 일이다. 사도 바울은 로마서 5장 7-8절에서 "의인을 위하여 죽는 자가 쉽지 않고 선인을 위하여 용감히 죽는 자가 혹 있거니와 우리가 아직 죄인 되었을 때에 그리스도께서 우리를 위하여 죽으심으로 하나님께서 우리에 대한 자기의 사랑을 확증하셨느니라"고 말했다. 우리가 하나님의 아들의 무한하고 영원한 영광에 대해 더 많이 알수록, 우리는 그분의 낮아지심의 위대함을 더 많이 알게 되고 그에 대한 우리의 존경심도 더욱 커질 것이다. 오직 그때에야 비로소 찰스 웨슬리가 "오 놀라운 사랑! 나의 하나님이시여! 어떻게 나 같은 죄인을 위해 죽으실 수 있었던 말입니까!"라고 고백한 노래를 이해할 수 있을 것이다.[1]

---

1) Charles Wesley, "And Can It Be That I Should Gain," 1738.

그리스도의 성육신

성육신이란 하나님의 아들이 성령의 능력으로 동정녀 마리아의 태에 잉태되어(눅 1:35) 하나님이자 사람이신 나사렛 예수로 태어나신 것을 말한다. 성육신을 통해 영원한 아들은 모든 면에서 참 사람이 되셨지만 온전히 하나님으로 남아 계셨다. 사도 바울은 "그 안에는 신성의 모든 충만이 육체로 거하시고"(골 2:9)라고 썼다. 성육신은 복음에 있어서 절대적으로 필요한 교리이며 복음의 가장 위대한 영광 중 하나다.

한편으로, 그리스도께서는 사람이 되셔야 했다. 인간은 죄를 지었고 인간은 죽어야 한다. "이는 황소와 염소의 피가 능히 죄를 없이 하지 못함이라"(히 10:4)라는 말씀처럼 범죄를 저지른 것은 사람이기에 사람이 죗값을 치러야 한다. 반면에 그리스도께서는 하나님이셔야 했다. 단순한 사람이나 천사, 심지어 반신반인(demigod)으로는 충분하지 않다. 무한한 가치와 완전하고 고유한 의로움, 즉 하나님만이 소유하신 가치와 의로움의 희생이 필요했다.

따라서 바울은 하나님이 그리스도 안에서 "자기 피로"(행 20:28) 교회를 사셨고 "하나님께서 그리스도 안에 계시사 세상을 자기와 화목하게" 하셨다(고후 5:19)고 증거했다. 성육신에 담긴 영광은 영원토록 울려 퍼질 것이지만, 이러한 찬양의 수고보다 더 고귀한 수고는 찾아볼 수 없다. 하나님이 사람이 되시고 그 사람이 바로 임마누엘(우리와 함께하시는 하나님)이라는 것을 더 많이 이해할수록 우리의 헌신은 더 커지고, 우리의 순종은 더 완전하고 변함없을 것이며, 우리의 복음 선포와 예배는 더욱 활력이 넘칠 것이다.

그리스도의 완전한 순종

많은 신학자들이 그리스도의 완전한 순종을 그분의 가장 위대한 기적으로 여겨 왔지만, 그것이 복음의 본질적인 교리라는 사실을 간과해 왔다. 그리스도의 완전한 순종은 그분이 불의한 자들의 죄를 위해 죽으실 뿐만 아니라 불순종하는 자들에게 그리스도의 완전한 생명을 전가하기 위해 필요했다. 시편 15편 1절에서 시편 기자는 "여호와여 주의 장막에 머무를 자 누구오며 주의 성산에 사는 자 누구오니이까"라고 묻는다. 그리고 2절에서 그 대답으로 "정직하게 행하며 공의를 실천하며 그의 마음에 진실을 말하는 자"라고 말한다. 시편 24편 3절에도 같은 질문이 나온다. "여호와의 산에 오를 자가 누구며 그의 거룩한 곳에 설 자가 누구인가?" 4절에서 다시 대답한다. "곧 손이 깨끗하며 마음이 청결하며 뜻을 허탄한 데에 두지 아니하며 거짓 맹세하지 아니하는 자로다." 하나님의 백성이 그분의 면전에서 온전히 받아들여지기 위해서는 용서나 깨끗한 마음 그 이상이 필요하다. 우리는 완전한 의, 즉 하나님의 본성과 뜻에 완벽하게 부합하는 삶을 살았다는 기록이 있어야 한다. 그러나 이것을 죄많은 인간이 어떻게 얻을 수 있는가? 성경은 "의인은 없나니 하나도 없으며"(롬 3:10), "우리의 의는 다 더러운 옷" 같다고(사 64:6) 증언한다.

좋은 소식은 그리스도께서 우리의 죄를 속죄하기 위해 자신의 완전한 생명을 희생 제물로 바치셨을 뿐만 아니라, 우리가 믿는 순간 그분의 완전한 삶이 우리에게 전가되어 우리의 것으로 간주된다는 사실이다. 개인의 의에 있어서 부족하고 헐벗었던 우리는 이제 그리스도의 완전한 의로 옷 입었다. 사도 바울은 "하나님이 죄를 알지도 못하신 이를 우리를 대신하여 죄로 삼으신 것은 우리로 하여금 그 안에서 하나님의 의가 되게 하려 하심이라"(고후 5:21)고 썼고, "예수는 하나님으로부터 나와서 우리에게 지혜와 의로움과 거룩함과 구원함이 되셨다"(고전 1:30)고 썼다. 예수 그리스도께서는 "여호와 우리의 공의"시다(렘 23:6).

그리스도의 죽음

그리스도의 죽음은 모든 복음의 본질 중 '가장' 중요한 핵심이다. 그러나 그리스도께서 죽으셨다는 사실을 믿고 전파하는 것만으로는 충분하지 않다. 우리는 성경에 계시된 대로 그분의 죽음의 목적과 의미를 이해하고 받아들여야 한다. 나사렛 예수께서 예루살렘 성읍 외곽에서 본디오 빌라도의 선고 아래 죽으셨다는 것은 부인할 수 없는 역사적 사실이다. 그럼에도 불구하고 우리는 그분의 죽음의 대속적 성격과 구속의 목적을 인식할 수 있어야 성경적인 신앙에 도달할 수 있다.

예수님의 죽음은 순교자의 죽음이 아니었다. 또한 단순히 하나님의 사랑의 확증이나 제자들이 따라야 할 모범도 아니다. 그리스도께서는 자기 백성을 '위해', 그 백성을 '대표하여', 그 백성을 '대신하여', '대속 제물'로 죽으셨다. 갈보리에서 그분은 우리의 죄를 짊어지시고, 우리를 향한 하나님의 진노를 받으시고, 율법의 형벌을 받고 죽으셨다. 이렇게 하여 그분은 우리를 향한 하나님의 의의 요구를 충족시키시고 하나님의 진노를 달래셨으며 하나님은 자신의 의를 조금도 손상시키지 않고 우리의 죄를 용서할 수 있는 길을 여셨다.

십자가에서 그리스도께서는 말할 수 없는 육체적 고통을 겪으셨다. 그러나 그분의 등에 난 상처나 머리에 씌운 가시 면류관, 손과 발에 박힌 못이 우리의 구원을 값 주고 산 것은 아니다. 우리는 인간들이 예수님께 행한 짓 때문에 구원을 받은 것이 아니라, 하나님 아버지께서 독생자에게 행하신 일 때문에 구원을 받았다. 하나님은 우리의 죄를 예수님께 전가하시고 그분을 죄인으로 간주하셨다(사 53:6; 고후 5:21). 아버지께서는 그리스도에게서 호의를 거두셨고(마 27:46), 우리에게 마땅히 내려야 할 거룩한 진노를 그에게 쏟으셨다. 선지자 이사야가 묘사한 대로, "여호와께서 그에게 상함을 받게 하시기를 원하사 질고를 당하게 하셨은즉 그의 영혼을 속건제물로 드리기에 이르렀다"(사 53:10).

그리스도의 죽음에 관한 소위 인간이나 천사의 또 다른 이론을 믿는 것은 복음을 부인하고 영원한 정죄를 받는 것이다. 갈라디아서 1장 8-9절에서 바울은 이렇게 강조했다. "그러나 우리나 혹은 하늘로부터 온 천사라도 우리가 너희에게 전한 복음 외에 다른 복음을 전하면 저주를 받을지어다 우리가 전에 말하였거니와 내가 지금 다시 말하노니 만일 누구든지 너희가 받은 것 외에 다른 복음을 전하면 저주를 받을지어다"(갈 1:8-9). 이러한 이유로 이 책에 실린 대부분의 내용은 그리스도의 죽음을 제시하며 그 의미를 설명하고 있다. 우리의 목표는 두 가지다. 첫째는, "성도에게 단번에 주신 믿음"(유 1:3)에 굳게 서는 것이고, 둘째는, 갈보리의 희미한 속삭임이라도 우리의 가장 큰 사랑을 이끌어 내 그리스도께 가장 진지하고 진실한 헌신을 바치게 되는 것이다.

그리스도의 부활

그리스도의 죽음에 대해 성경적으로 믿고 설교하는 것만으로는 충분하지 않다. 우리는 또한 그분이 죽으실 때와 동일한 몸으로 사흘 만에 죽은 자들 가운데서 살아나셨다는 사실을 전파해야 한다(요 20:27). 이 진리는 복음과 기독교 신앙에 절대적으로 필요하다. 타협할 수 없는 진리다! 그리스도께서 육체적으로 죽음에서 부활하지 않으셨다면 기독교 전체가 거짓말이다. 사도 바울은 "그리스도께서 만일 다시 살아나지 못하셨으면 우리가 전파하는 것도 헛것이요 또 너희 믿음도 헛것이며 … 그리스도께서 다시 살아나신 일이 없으면 너희의 믿음도 헛되고 너희가 여전히 죄 가운데 있을 것이요"(고전 15:14, 17)라고 썼다. 사도행전의 중심 주제가 그리스도의 부활에 대한 선포인 것은 바로 이러한 이유 때문이다. 사도 시대의 사람들은 나사렛 예수라는 사람이 예루살렘 성문 밖에서 십자가에 달려 죽었다는 사실을 잘 알고 있었다. 하지만, 그분의 죽음이 하나님의 가장 위대한 구속 사역이었다는 증거는, 초기 그리스도인들이 원수들의 조롱과 위협에도 불구하고 믿고 선포한 그리스도의 부활이라는 역사적 사실에 놓여 있었다.

성경에 따르면, 그리스도의 부활은 예수님이 하나님의 아들 되심에 대한 하나님의 공개적인 선언(롬 1:4), 우리의 칭의에 대한 확증(롬 4:25), 우리의 믿음에 대한 인정(고전 15:13-14), 미래의 부활에 대한 약속(요 14:19), 하나님이 모든 사람을 심판에 이르게 하시리라는 증거(행 17:31)다.

성경이 그리스도의 육체적 부활을 절대적인 본질로 강조함에도 불구하고 기독교를 믿는다고 밝힌 사람들 중에도 부활을 부정하거나 '수정'하는 경우를 볼 때 나는 아연실색하게 된다. 우리가 사도들이 전한 복음에 충실하려면 갈보리에서 일어난 그리스도의 대속적 죽음과 함께, 죽은 자들 가운데서 부활하신 그리스도의 육체적 부활을 선포해야 한다. 이 진리를 덜어내는 것은 복음을 단순히 변형하는 것이 아니라 복음을 노골적으로 부정하는 것이다!

그리스도의 높아지심

성경은 그리스도께서 죽으시고 장사 되시고 부활하셨다는 사실뿐만 아니라 부활하신 지 40일이 되는 때에 하늘에 오르셔서 하나님 우편에 앉으셨다는 사실도 가르친다. 히브리서 기자는 "죄를 정결하게 하는 일을 하시고 높은 곳에 계신 지극히 크신 이의 우편에 앉으셨느니라"(히 1:3)고 언급했다. 사도 바울은 하나님이 그리스도를 "죽은 자들 가운데서 다시 살리시고 하늘에서 자기의 오른편에 앉히사 모든 통치와 권세와 능력과 주권과 이 세상뿐 아니라 오는 세상에 일컫는 모든 이름 위에 뛰어나게 하시고"(엡 1:20-21)라고 썼다. 또한 "하나님이 그를 지극히 높여 모든 이름 위에 뛰어난 이름을 주사 하늘에 있는 자들과 땅에 있는 자들과 땅 아래에 있는 자들로 모든 무릎을 예수의 이름에 꿇게 하시고 모든 입으로 예수 그리스도를 주라 시인하여 하나님 아버지께 영광을 돌리게 하셨느니라"(빌 2:9-11)고도 썼다.

메시아에 관한 구약성경의 예언도 이러한 사도들의 선언과 일치한다. 하나님은 시편 기자를 통해 "내가 나의 왕을 내 거룩한 산 시온에 세웠다"(시 2:6)라고 선언하셨고, 이사야를 통해서는 "내가 그에게 존귀한 자와 함께 몫을 받게 하며 강한 자와 함께 탈취한 것을 나누게 하리니"(사 53:12)라고 선언하셨다. 다니엘 선지자는 훨씬 더 분명하게 말한다. "그에게 권세와 영광과 나라를 주고 모든 백성과 나라들과 다른 언어를 말하는 모든 자들이 그를 섬기게 하였으니 그의 권세는 소멸되지 아니하는 영원한 권세요 그의 나라는 멸망하지 아니할 것이니라"(단 7:14).

사람의 모양으로 오셔서 십자가에서 죽기까지 순종하신 하나님의 아들(빌 2:7-8)은 이제 모든 사람의 주권자이자 심판자, 그리고 그분의 백성의 구주이자 중보자로 높임 받으셨다. 이 위대한 진리는 사도들의 설교에서 그리스도의 죽음과 부활과 함께 중요한 위치를 차지했으며, 우리의 설교에서도 똑같이 중요한 위치를 차지해야 한다. 하나님은 시온에 그의 왕을 세우셨다. 하나님은 그분께 열방을 기업으로 주셨고 땅끝까지 그의 소유로 주셨다. 더욱이 하나님은 그분께 만유에 대한 절대 주권을 부여하셨다(시 2:6-9). 이러한 이유로 복음 메시지는 모든 사람에게 거저주시는 구원을 포함할 뿐만 아니라, 이 땅의 가장 위대한 왕들과 나라들을 향한 엄숙한 경고도 담고 있다. "그런즉 군왕들아 너희는 지혜를 얻으며 세상의 재판관들아 너희는 교훈을 받을지어다 여호와를 경외함으로 섬기고 떨며 즐거워할지어다 그의 아들에게 입맞추라 그렇지 아니하면 진노하심으로 너희가 길에서 망하리니 그의 진노가 급하심이라 여호와께 피하는 모든 사람은 다 복이 있도다"(시 2:10-12).

그리스도의 재림

성경에 따르면 인류의 역사는 직선으로 뻗어나가며, 시작과 끝이 정해져 있고 목적이 있다. 창조 첫날부터 하나님은 모든 사람과 사건을 특정한 정점 또는 절정을 향하게 하셨는데 그것은 우리 주이시자 구주이신 예수 그리스도의 재림과 세상의 심판, 그리고 새 하늘과 새 땅의 설립이다.

우리가 복음을 선포할 때 이 위대한 진리를 강조하는 목적은 두 가지다. 첫째, 신자들이 계속해서 믿음을 지켜나가며 현재로서는 헤아릴 수 없는 미래의 은혜와 영광에 대한 소망을 가지고 살아가도록 격려하는 것이다. "눈으로 보지 못하고 귀로 듣지 못하고 사람의 마음으로 생각하지도 못하였다 함과 같으니라"(고전 2:9). 둘째, 불신자에게 경고하는 것이다. 올바른 복음 선포는 모든 사람에게 "네 하나님 만나기를 준비하라"(암 4:12)는 요청을 포함한다. 사도 바울은 아레오바고의 철학자들에게 "이는 [하나님께서] 정하신 사람으로 하여금 천하를 공의로 심판할 날을 작정하시고 이에 그를 죽은 자 가운데서 다시 살리신 것으로 모든 사람에게 믿을 만한 증거를 주셨음이니라"(행 17:31)고 선언했다.

그리스도의 재림은 대조적인 극단으로 가득 찬 교리다. 어떤 사람들에게는 그리스도의 재림이 "말할 수 없는 영광스러운 즐거움으로 기뻐하는"(벧전 1:8) 구원의 날이 될 것이다. 다른 사람들에게는 동굴과 산 바위 사이에 몸을 숨기고 산과 바위를 향해 "우리 위에 떨어져 보좌에 앉으신 이의 얼굴에서와 그 어린 양의 진노에서 우리를 가리라 그들의 진노의 큰 날이 이르렀으니 누가 능히 서리요"(계 6:16-17)라고 절규하는 파멸의 날이 될 것이다. 이런 이유로 복음의 메신저는 대조적인 존재이기도 하다. 그분은 믿는 사람들에게는 "생명에 이르는 냄새"이지만 믿지 않는 사람들에게는 "사망에 이르는 냄새"다. 이 엄숙한 현실 때문에 사도 바울은 "누가 이 일을 감당하리요"라고 외쳤다(고후 2:16).

대단히 많은 사람들의 영원한 생사가 걸려 있음을 알고, 또 오직 복음만이 구원의 능력이 있음을 알기에(롬 1:16), 우리는 "이 모든 일에 전심 전력하여 너의 [우리의] 성숙함을 모든 사람에게 나타나게" 해야 하지 않겠는가?(딤전 4:15) 우리는 "진리의 말씀을 옳게 분별하며 부끄러울 것이 없는 일꾼으로 인정된 자로 [우리] 자신을 하나님 앞에 드리기를 힘써야"(딤후 2:15) 하지 않겠는가?

회개와 믿음으로 부름

복음의 메시지는 각 처소의 모든 사람이 자신의 죄를 회개하고 예수 그리스도의 인격과 사역을 전적으로 믿고 신뢰하도록 요청하지 않고는 완전하지 않다.

마가복음에서 우리는 예수님의 사역에 대한 첫 번째 기록을 접하게 된다. 마가는 "예수께서 갈릴리에 오셔서 하나님의 복음을 전파하여 이르시되 때가 찼고 하나님의 나라가 가까이 왔으니 회개하고 복음을 믿으라 하시더라"(막 1:14-15)고 썼다. 사도 바울은 아덴의 철학자들에게 "알지 못하던 시대에는 하나님이 간과하셨거니와 이제는 어디든지 사람에게 다 명하사 회개하라 하셨으니"(행 17:30)라고 선언했다. 바울은 에베소 교회에게 "유익한 것은 무엇이든지 공중 앞에서나 각 집에서나 거리낌이 없이 여러분에게 전하여 가르치고 유대인과 헬라인들에게 하나님께 대한 회개와 우리 주 예수 그리스도께 대한 믿음을 증언한 것이라"(행 20:20-21)라고 확언했다.

복음의 이 두 가지 부름은 교회 역사상 가장 위대한 신앙고백에서도 확인된다.

웨스트민스터 신앙고백서(Westminster Confession)는 "생명에 이르는 회개는 복음적 은혜이며, 회개의 교리는 그리스도를 의지하는 믿음의 교리와 마찬가지로 모든 복음의 사역자가 전파해야 할 교리이다"[2]라고 명시한다. 뉴햄프셔 신앙고백(The New Hampshire Confession of Faith)도 마찬가지로 "우리는 회개와 믿음이 신성한 의무이며 서로 분리될 수 없는 의무임을 믿는다"라고 고백한다.[3]

복음 전파는 단순한 정보 전달 그 이상이다. 그것은 회개와 그리스도를 의지하는 믿음을 통해 영원한 멸망에서 구원을 받으라는 간절하고 긴급한 부름이다. 이 진리는 고린도 교회에 다음과 같은 말을 남긴 사도 바울의 설교에서 가장 잘 드러난다. "우리가 그리스도를 대신하여 사신이 되어 하나님이 우리를 통하여 너희를 권면하시는 것 같이 그리스도를 대신하여 간청하노니 너희는 하나님과 화목하라"(고후 5:20).

---

2) The Westminster Confession of Faith (Glasgow, Scotland: Free Presbyterian Publications, 1995), 15.1.
3) John Brown, The News Hampshire Confession of Faith (1833), VIII, in Williamson L. Lumpkin, *Baptist Confessions of Faith* (Valley Forge, Pa.: Judson Press, 1969), 364.

4.
복음은 모든 시대를 초월해 동일하다

교회 역사를 통틀어 진실한 그리스도인, 설교자, 학자들은 기독교 신앙의 핵심을 파악하여 간결하고 이해하기 쉬운 문장으로 요약하려고 노력해 왔다. 이러한 많은 신조와 신앙고백에는 놀라울 정도로 복음이 명료하게 표현되어 있으므로 역사적 기독교 해석의 기준이 된다. 이러한 신조와 신앙고백은 영감되거나 무오하거나 무류하지는 않으므로 권위에 있어서 성경보다 우위에 있거나 동등하지 않다. 그럼에도 불구하고 신조와 신앙고백은 교훈을 위해 쓰였고 또한 이단으로부터 교회를 보호하기 위한 목적으로 작성되었다. 따라서 그것들은 수 세기에 걸쳐 정통 신자들이 확증한 내용을 기록한 것이기 때문에 모든 시대의 기독교인에게 유용하다. 이 글에서 신조와 신앙고백을 인용하는 목적은 이를 작성한 사람들을 지지하거나 그 내용의 모든 세부 사항을 확인하기 위해서가 아니다. 단지 두 가지 중요한 사실을 보여 주기 위해서다. 첫째, 복음이 역사적 기독교 교리에서 중심적인 위치를 차지하고 있다는 사실이고, 둘째, 복음의 본질적인 교리가 교회의 오랜 역사를 통해 참된 신자들에 의해 확인되었다는 사실이다.

성경 해석의 중요한 원칙은 교회라는 배경 안에서 성경을 연구해야 한다는 것이다. 사도시대부터 현재까지 성경을 소중히 여기고 사랑하며 연구해 온 신자들이 있다. 그들을 통해 2천 년에 걸친 성경 해석을 볼 수 있는데, 그들의 해석은 교훈이 될 뿐 아니라, 우리 개인의 사적인 성경 해석을 비교해 볼 종속 표준(subordinate standard, 최고 표준인 성경에 종속된 하위 표준-편집자주)을 제시한다. 지난 역사 가운데 성경을 믿는 모든 기독교인들은 성경의 어떤 특정 해석과 관련하여 서로 동의하고 있다. 우리 개인이나 우리 세대의 해석이 그들의 해석과 다르다면, 우리가 오류에 빠졌다는 적신호이기에 우리의 의견을 재고해 보아야 한다.

성경을 공부할 때 우리는 항상 세 가지 중요한 진리를 기억해야 한다. 첫째, 성경은 영감되고 무오하며 오류가 없는 유일한 하나님의 말씀이며, 그 어떤 것도 성경보다 위에 또는 동등한 위치에 놓여서는 안 된다. 모든 신조와 고백은 성경 자체의 권위에 종속되어야 한다. 이러한 이유로 신조와 고백은 종종 '종속적' 또는 '보조적' 표준이라고 불린다. 둘째, 지혜는 우리가 태어나기 전에 있었고 우리가 죽어도 지혜는 영원하다. 성경은 영감으로 쓰인 것이지만 우리의 개인적인 해석은 그렇지 않다. 2천 년의 교회 역사로부터 우리 자신을 고립시키고 개인적으로 단절된 상태에서 성경을 해석한다면 이는 오만함을 드러내는 것이다. 셋째, 교회사의 위대한 저술들(특히 종교개혁자, 청교도, 초기 복음주의자들의 저술)을 공부해 본 사람이라면 누구나 그 위대한 가치를 인정할 뿐만 아니라, 현 세대와 비교했을 때 그들의 지식 및 경건의 깊이와 넓이와 높이에 자연히 겸손해질 것이다.

이 책 전체에서 독자는 오랜 교회 역사 가운데 신자들과 공의회가 남긴 주석들과 논문에서 발췌한 내용으로부터 도움을 받을 것이다(물론, 복이 되기를 바란다). 그러나 우리의 주된 관심사는 성경 해석에 있다는 사실을 결코 잊어서는 안 된다. 성경만이 신앙과 교리와 실천의 모든 문제에 대한 최고의 권위이며 표준이다. 이 진리에 대해서는 지금까지 기록된 가장 위대한 신앙고백과 신조가 전부 완전히 일치한다. 존중받는 1689년 런던 침례교 신앙고백서(London Baptist Confession)의 첫 장은 다음과 같은 말씀으로 시작하고 마친다.

성경은 모든 구원의 지식, 믿음, 순종에 대한 충분하고 확실하며 오류가 없는 유일한 규칙이다. … 기독교의 모든 논쟁은 최고의 재판관인 성경에 의해 판가름되어야 하고 공의회의 모든 법령, 고대 저술가들의 의견, 인간의 교리, 사적인 생각들 역시 성경에 의해 검토되어야 한다. 우리는 성령에 의해 전달된 성경의 판결만을 의지하고 확신하며, 따라서 우리의 믿음은 최종적으로 성경으로 해결된다.[1]

사도신경

사도신경은 보존된 기독교 신조 중 가장 오래된 신조다. 사도신경의 원래 형식과 내용은 2세기 초(대략 주후 120년)에 작성되었을 가능성이 높다. 사도신경을 열두 사도가 작성하거나 수정했다는 가설(假說)에 대한 역사적 증거는 없지만, 그럼에도 사도적 신앙, 특히 복음과 관련한 신앙의 핵심을 담고 있다. 아마도 사도신경은 새로운 개종자를 교육하고 당시 만연했던 이단(마르시온주의, 영지주의, 가현설)에 대한 보호책으로 사용되었을 것이다. 사도신경의 영향력에 대해 신학자 조엘 비키는 "종교개혁자들은 종종 사도신경

---

1) The 1689 London Baptist Confession of Faith, 1.1, 10, in *The Baptist Confession of Faith and the Baptist Catechism* (Vestavia Hills, Ala.: Solid Ground Christian Books; and Carlisle, Pa.: Reformed Baptist Publications, 2010), 1, 5.

을 예배와 전례에 포함시켰다. 사도신경은 다른 어떤 기독교 신조보다 더 보편적인 신앙 고백이라고 할 수 있는데, 이는 오늘날까지 서방 교회나 동방 교회에서 가장 널리 사용되는 신앙고백이기 때문이다"라고 말한다.[2]

사도신경은 다음과 같이 복음의 내용을 제시한다. 이 신조는 삼위일체 하나님에 대한 믿음, 그리스도의 신성과 성육신, 그리스도의 죽음, 부활, 승천 그리고 그리스도의 우주적 심판을 확증한다. 이 신조의 내용은 다음과 같다.

> 전능하사 천지를 만드신 하나님 아버지를 내가 믿사오며,
> 그 외아들 우리 주 예수 그리스도를 믿사오니,
> 이는 성령으로 잉태하사 동정녀 마리아에게 나시고,
> 본디오 빌라도에게 고난을 받으사, 십자가에 못 박혀 죽으시고,
> 장사한 지 사흘 만에 죽은 자 가운데서 다시 살아나시며,
> 하늘에 오르사, 전능하신 하나님 우편에 앉아 계시다가,
> 저리로서 산 자와 죽은 자를 심판하러 오시리라.
> 성령을 믿사오며, 거룩한 공회와, 성도가 서로 교통하는 것과,
> 죄를 사하려 주시는 것과, 몸이 다시 사는 것과,

---

[2] Joel Beeke, *The Three Forms of Unity* (Vestavia Hills, Ala.: Solid Ground Christian Books, 2012), 4.

영원히 사는 것을 믿사옵나이다.

위에서 언급했듯이, 내가 이러한 신조와 고백을 인용하는 목적은 단지 기독교의 오랜 역사를 통해 복음의 주요 교리가 참된 신자들에 의해 확증되어 왔다는 사실을 보여 주기 위한 것이다.

니케아 신조

니케아 신조는 4-5세기의 심각한 이단들에 대항하기 위해 작성되었다. 특히 삼위일체와 그리스도의 신성을 부인하는 아리우스주의(Arianism)로부터 정통 신앙을 보호하기 위해 작성되었다. 이 신조의 뿌리는, 기독교 교회가 직면했던 가장 심오한 질문인 "예수 그리스도는 누구인가?"에 대한 대답을 확증하기 위해 소집된 주후 325년의 니케아 공의회로 거슬러 올라간다. 이 신조는 주후 381년의 콘스탄티노플 공의회에서 상당한 수정을 거쳤으며, 주후 451년 칼케돈 공의회에서 기독교 신앙에 대한 최종적인 진술로 받아들여졌다.

니케아 신조의 다음 부분은 복음의 내용을 제시하는데 그 내용은 사도신경보다 더 상세하지만 사도신경의 신앙고백과 동일함을 확인할 수 있다.

나는 전능하신 한 분 하나님 아버지를 믿습니다.

그분은 하늘과 땅과 보이는 것과 보이지 않는 모든 것을 만드신 분입니다.

나는 모든 세계보다 먼저 아버지로부터 나신

하나님의 독생자 주 예수 그리스도를 믿습니다.

그는 하나님 중의 하나님이시요, 빛 중의 빛이시며, 바로 그 하나님 중의 그 하나님이십니다.

그는 피조되지 아니하시고 아버지에게서 나신 바 되셨고,

아버지와 한 본질이시며,

만물이 그로 말미암아 지은 바 되었습니다.

그는 우리 인간을 구원하시기 위해 하늘에서 내려오셔서

동정녀 마리아에게서 성령으로 잉태하셔서 사람이 되셨습니다.

그는 우리를 위하여 본디오 빌라도의 통치 아래 십자가에 못 박히시고 고난을 받으사 장사 지낸 바 되시고

성경대로 사흘 만에 다시 살아나사

하늘에 오르사 아버지 우편에 앉으셨습니다.

그는 영광 가운데 다시 오셔서 산 자와 죽은 자를 심판하실 것이고,

그의 나라는 끝이 없을 것입니다.

벨직 신앙고백서

벨직 신앙고백서는 가장 오래된 개혁파 신앙고백서들 중 하나로서 명료하고 심오하며 아름답기로 유명하다. 이 고백서는 16세기에 스페인의 펠리페 2세와 로마 가톨릭 교회의 가혹한 박해를 받던 네덜란드의 개혁파 목사인 귀도 드 브레(Guido de Brès, 1522-1567)와 그의 동료 목사들이 작성했다.

네덜란드 개혁교회는 1562년에 벨직 신앙고백서를 표준적인 교리로 받아들였고 그 후 앤트워프 회의(1566년)와 도르트 회의(1618-1619년)에서 개정되었다. 이 신조의 다음 부분은 복음의 내용을 제시한다. 독자들은 이 신조가 사도신경과 니케아 신조에 나오는 복음의 모든 교리를 담고 있지만 훨씬 더 발전된 형태로 되어 있는 것을 주목해야 한다.

제18조 그러므로 우리는 하나님이 옛날에 조상들에게 거룩한 선지자들의 입을 통하여(사 11:1; 눅 1:55; 창 26:4; 삼하 7:12-16; 시 132:11; 행 13:23) 그분이 정하신 때에 자기의 독생자이신 영원한 아들을 이 세상에 보내실 것을 약속하셨고 그 약속을 이루신 것을 믿는다. 그 아들은 종의 형상을 취하셔서 사람의 모양으로 태어나셨고(딤전 2:5; 3:16; 빌 2:7), 모든 연약함을 지닌 참된 인성을 취하셨으나 죄는 없으셨다(히 2:14-15; 4:15). 그 이유는 그 아들은 사람의 방법이

아니고 성령의 능력으로 복된 동정녀 마리아의 태내에서 수태되었기 때문이다(눅 1:31, 34-35). 그는 다만 몸으로만 인성을 취하신 것이 아니고 참 사람이 되기 위하여 참된 인간의 영혼도 취하셨다(마 26:38; 요 12:27). 그가 몸과 영혼을 다 구원하기 위하여 두 가지를 다 취하실 필요가 있었던 까닭은 사람은 몸뿐만 아니라 영혼도 타락했기 때문이다.

제20조 우리는 완전하게 자비하시고 공의로우신 하나님께서 그분의 아들을 보내사, 불순종을 저지른 인간의 본성과 똑같은 인성을 취하게 하시고 그 인성 안에서 가장 괴로운 고난과 죽음을 통해 죄의 형벌을 짊어지게 하신 것을 믿는다(히 2:14; 롬 8:3, 32-33). 그러므로 하나님은 자기 아들에게 우리의 불의를 지우시고 그 아들에게 자신의 공의를 나타내셨고(사 53:6; 요 1:29; 요일 4:9), 죄를 짓고 멸망할 수밖에 없는 우리에게는 하나님의 선하심과 자비를 쏟으셨다. 하나님은 가장 완전한 사랑으로 우리를 위하여 자기 아들을 죽음에 넘겨 주시고, 그를 통해 우리가 불멸과 영생을 얻을 수 있도록 우리를 의롭게 하기 위하여 그 아들을 부활하게 하셨다(롬 4:25).

제21조 우리는 예수 그리스도께서 멜기세덱의 반열을 따라 하나님의 맹세에 의하여 대제사장으로 임명되셨음을 믿는다(시 110:4;

히 5:10). 대제사장이신 예수 그리스도는 선지자들이 예언한 대로 우리를 대신하여 아버지 앞에서 십자가 나무 위에서 자신을 바쳤을 뿐만 아니라 우리의 죄를 씻어 없애기 위하여 그의 보혈을 쏟으셨다. 이에 우리는 예수 그리스도가 아버지의 거룩한 진노를 가시게 하기에 충분한 보상을 치르신 것으로 믿는다(골 1:14; 롬 5:8-9; 골 2:14; 히 2:17; 9:14; 롬 3:24; 8:2; 요 15:3; 행 2:24; 13:28; 요 3:16; 딤전 2:6). 성경에 기록된 대로 그는 우리를 온전하게 하기 위해 징계를 받으셨고 우리를 치유하기 위해 매를 맞으셨다. 그는 마치 양처럼 도살장으로 이끌려 가서 범죄자로 취급당하셨다(사 53:5, 7, 12). 비록 본디오 빌라도는 처음에 예수님을 무죄로 선언했으나(눅 23:22, 24; 행 13:28; 시 22:16; 요 18:38; 시 69:5; 벧전 3:18), 결국 본디오 빌라도에 의해 그는 사형 죄수로 정죄받으셨다. 예수 그리스도는 자기 잘못이 아님에도 우리를 대신하여 생명을 지불하셨다(시 69:4). 즉, 불의한 자를 위하여 의로운 분이 죽임을 당하셨다(벧전 3:18). 예수님은 몸과 영혼으로 우리의 죗값에 해당하는 무서운 형벌을 느끼셨고 그의 땀은 땅에 쏟아지는 핏방울처럼 되었다(눅 22:44). 마침내 그는 "나의 하나님 나의 하나님 어찌하여 나를 버리십니까"라고 부르짖으셨다. 예수님은 우리의 죄 사함을 위해 이 모든 고통을 감당하셨다(시 22:2; 마 27:46). 그러므로 우리는 사도 바울이 말한 대로 예수 그리스도와 그의 십자가에 못 박히신 일 외에는 자랑할 것이 없고(고전 2:2), 우리 주 예수 그리스도를 아는 지식이 가장 고상함으로 인하여 모든 것을 해로 여긴다고 마땅히 말할 수 있다(빌 3:8). 우리는 그의 상처 안에서 위로를 발견하며, 단번에 드려진 그의 희생 외에는 우리가 하나님과 화해할 수 있는 어떤 다른 방법을 찾거나 꾸며낼 필요가 없다고 믿는다. 신자들은 예수님의 희생에 의해 영원히 완전해졌다. 그런 이유로 하나님의 천사는 그를 예수, 즉, 구주라고 불렀으니 그가 자기 백성을 죄에서 구원하실 것이기 때문이었다(히 9:25-26; 10:14).

웨스트민스터 신앙고백서 및 1689년 런던 침례교 신앙고백서

1643년, 영국 의회는 영국 교회의 교리와 실천, 예배를 재건하기 위해 '학식 있고 경건하며 현명한' 신학자들과 국회의원들에게 런던의 웨스트민스터 사원에 모일 것을 요청했다. 1646년, 이 모임의 결과로 웨스트민스터 신앙고백서가 작성되어 승인되었다. 이 신앙고백서는 1년 후인 1647년에 발행되었다. 같은 해에 웨스트민스터 신앙고백서는 스코틀랜드 교회의 종속 표준(즉, 성경에 종속된 표준)으로 채택되었다. 이 신앙고백서는 전 세계에 퍼진 보수적인 장로교회의 대표적인 신앙고백서다.

1689년, 런던 침례교 신앙고백서는 영국 개혁파 침례교단(the

Particular Baptists of England)이 만든 것으로서 웨스트민스터 신앙고백서를 개정 편집한 것이다. 일부 수정 사항은 개정 편집자들이 직접 수정했고, 다른 수정 사항들은 1644년의 제1차 런던 침례교 신앙고백서와 1658년에 회중교회가 발표한 사보이 선언에서 가져온 것이다. 1689년에 작성된 런던 침례교 신앙고백의 목적은 영국 개혁파 침례교인들과 영국 및 전 세계의 개혁주의 신자들 사이에 존재하는 기독교 신앙의 일치와 연속성을 보여 주기 위한 것이었다.

복음의 본질에 관한 다음 조항들에서 웨스트민스터 신앙고백서와 1689년 런던 침례교 신앙고백서는 거의 같다. 다음 발췌문은 1689년 런던 침례교 신앙고백서 8장에서 가져온 것이다.

제1조 하나님은 그분의 영원한 목적을 위해 하나님과 예수 그리스도 사이에 맺은 언약에 따라 그분의 독생자이신 주 예수님을(사 42:1; 벧전 1:19-20; 딤전 2:5) 하나님과 사람 사이의 중보자, 선지자(행 3:22), 제사장(히 5:5-6), 왕(시 2:6; 눅 1:33), 그분의 교회의 머리와 구원자(엡 5:23), 만물의 상속자(히 1:2), 세상의 재판관(행 17:31)이 되도록 택하고 정하기를 기뻐하셨다. 하나님은 영원 전부터 한 백성을 그리스도에게 주어 그의 후손이 되게 하시고(요 17:6; 시 22:30; 사 53:10) 때가 차매 그로 말미암아 그 후손을 구속하시고 부르시고 의

롭다 하시고 거룩하게 하시고 영화롭게 하셨다(딤전 2:6; 사 55:4-5; 고전 1:30).

제2조 거룩한 삼위일체의 두 번째 위격이시고, 지극히 영원하신 하나님이시며, 성부의 영광의 광채시요, 그분과 한 본체시며 동등하시고, 세상을 지으시고, 자신이 지으신 만물을 붙드시고 다스리시는 하나님의 아들은 때가 차매 인성을 취하셨는데(요 1:1, 14; 요일 5:20; 빌 2:6; 갈 4:4), 인성의 모든 본질적인 속성과 일반적인 연약함과 함께 취하셨으나 죄는 없으셨다(히 2:14-17). 하나님의 아들은 성령이 마리아에게 임하시고 지극히 높으신 이의 능력이 그녀를 덮으심으로써 성령의 능력으로 말미암아 동정녀 마리아의 태에서 잉태되사 성경대로 유다 지파의 여인에게서, 아브라함과 다윗의 자손으로 나셨다(눅 1:27, 31, 35; 갈 4:4). 따라서 온전하고 완전한 구별된 두 본성이 전환이나 혼합이나 혼동 없이 한 위격 안에서 분리될 수 없게 결합되었다(눅 1:35; 골 2:9; 롬 9:5; 벧전 3:18; 딤전 3:16). 이분은 참 하나님이시며 참 사람이시지만 한 분 그리스도시며, 하나님과 사람 사이의 유일한 중보자시다(롬 1:3-4; 딤전 2:5).

제3조 주 예수께서는 성자의 위격 안에서 이렇게 신성에 연합하신 인성 안에서 거룩하셨고 성령으로 한량없이 기름부으심을 받아(시

45:7; 요 3:34) 지혜와 지식의 모든 보화를 지니셨으니(골 2:3), 그의 안에 모든 충만함이 거하는 것은 아버지께 기쁨이었다(골 1:19). 이는 그가 거룩하고 악이 없고 부정하지 않고 은혜와 진리가 충만함으로(히 7:26; 요 1:14) 중보자와 보증인의 직분을 수행하는 데 완벽하게 준비되도록 하기 위함이었다(행 10:38; 히 12:24; 7:22). 그는 스스로 그 직분을 맡지 않으셨으나, 아버지께서 그를 그 직분으로 부르셨고(히 5:4-5) 아버지는 또한 모든 권세와 심판권을 그의 손에 맡기시면서 그 직분을 수행하도록 명하셨다(요 5:22, 27; 마 28:18; 행 2:36).

제4조 주 예수께서는 이 직분을 가장 기꺼이 맡으셨고(시 40:7-8; 히 10:5-10; 요 10:18; 빌. 2:8), 이 직분을 수행하기 위해 율법 아래 나시고(갈 4:4) 율법을 완전히 성취하셨고(마 3:15; 5:17), 우리를 대신하여 죄와 저주가 되심으로써 우리가 마땅히 받고 당했어야 할 형벌을 겪으셨으며, 영혼으로는 가장 극심한 슬픔을 당하셨고(마 26:37-38; 눅 22:44; 마 27:46), 몸으로는 가장 아픈 고통을 경험하셨고(마 26-27장), 십자가에 못 박혀 죽으사(빌 2:8) 죽음의 상태에 있으셨으나 결코 썩음을 보지 않으셨다(행 2:23-24, 27; 13:37; 롬 6:9). 그는 사흘 만에 죽은 자 가운데서 부활하사(고전 15:3-5) 고난을 받으셨던 그 몸과 같은 몸으로(요 20:25-27) 하늘에 오르사 아버지 우

편에 앉아(막 16:19) 중보하시다가(롬 8:34; 히 9:24-25) 세상 끝날에 사람과 천사들을 심판하기 위해 다시 오실 것이다(롬 14:9; 행 1:11; 10:42; 마 13:40-42; 유 1:6; 벧후 2:4).

제5조 주 예수께서는 완벽한 순종과, 그리고 영원하신 성령을 통해 단번에 하나님께 자신을 희생함으로써 그의 하나님의 공의를 완전히 만족시키셨고(롬 5:19; 히 9:14-16; 10:14; 엡 5:2; 롬 3:25-26), 또한 아버지께서 그에게 주신 자들을 위한 화목을 이루셨고 하늘 나라의 영원한 기업을 획득하셨다(단 9:24-26; 골 1:19-20; 엡 1:11, 14; 요 17:2; 히 9:12, 15).

제6조 비록 그리스도께서 성육신하시기 전에는 속죄의 대가가 실제로 지불되지는 않았지만, 속죄의 효력과 효능과 유익은 창세로부터 모든 시대에 택함 받은 자들에게 그 약속과 모형과 희생 제사를 통해, 그리고 그것으로 말미암아 내내 전달되었다. 그것들을 통해 그는 뱀의 머리를 상하게 할 여자의 씨로, 그리고 창세로부터 죽임을 당하신 어린양으로 계시되고 예표되었다. 이는 그리스도는 어제나 오늘이나 영원토록 동일하시기 때문이다(갈 4:4-5; 창 3:15; 계 13:8; 히 13:8).

제7조 그리스도께서는 중보 사역을 행하실 때 자신의 두 본성에 따라 행동하시며, 각 본성은 그 자체에 고유한 일을 행하셨다(히 9:14; 벧전 3:18). 그러나 한 위격의 통일성으로 인해 때로 성경에서는 한 본성에 고유한 일이 다른 본성에 돌려지기도 한다(행 20:28; 요 3:13; 요일 3:16).

제8조 그리스도께서는 그가 영원한 속죄를 이루셨을 때 마음에 두신 모든 사람에게 그의 구속이 확실하고 효과적으로 적용되고 전달되도록 하신다(요 6:37, 39; 10:15-16). 그는 그들을 위해 중보하시고(요일 2:1-2; 롬 8:34), 그의 영으로 그들을 자신에게 연합시키시며, 말씀 안에서 그리고 말씀으로 구원의 신비를 그들에게 계시하신다(요 15:13, 15; 엡 1:7-9; 요 17:6). 그의 영으로 그들을 효과적으로 설득하여 믿고 순종하게 하시고, 그의 말씀과 영으로 그들의 마음을 다스리시며(요 14:16; 히 12:2; 고후 4:13; 롬 8:9, 14; 15:18-19; 요 17:17), 그의 전능하신 능력과 지혜로 그들의 모든 대적을 그의 놀랍고 헤아릴 수 없는 경륜에 가장 부합하는 방식과 방법으로 이기신다(시 110:1; 고전 15:25-26; 말 4:2-3; 골 2:15). 그리고 이 모든 것은 그들 안에 미리 내다보이는 어떤 조건과 상관없이 완전히 거저 주시는 전적인 은혜로 말미암는다.

결론

이러한 기본적인 신조들과 신앙고백들은 의심의 여지없이 예수 그리스도의 복음의 본질적인 진리가 교회의 오랜 역사를 통해 보존되어 왔다는 사실을 증명한다. 우리는 그리스도의 신성과 성육신, 그의 완전한 삶, 대속의 고난, 죽음, 육체적 부활 그리고 만유의 구주, 왕, 심판자로서 하나님 우편에 오르심을 선포할 때마다 거의 지난 2천 년 동안 성경을 믿는 그리스도인들이 우리 편에 있다는 것을 알고 있다. 예수 그리스도의 복음의 본질적인 진리는 하나님의 은혜와 거역할 수 없는 섭리를 통해 교회의 중심 메시지가 되어 왔으며, 세상 끝날까지 계속될 것이다!

우리는 우리에게 전해져 내려온 복음의 이 본질적인 진리를 신성한 보증으로 삼을 뿐 아니라 엄숙한 책임감을 갖고 그 진리를 보전해야 한다. 우리는 그것을 연구하고, 믿고, 소중히 여기고, 선포하고, 보호하고, 그것을 위해 진정으로 싸워야 한다. 마지막으로, 우리는 이 진리에 더하거나 빼거나 바꾸지 않고 우리의 다음 세대에 물려주어야 한다.

5.
복음은 가장 탁월하다

바울은 골로새서 1장 18절에서 예수 그리스도에 대해 다음과 같이 기록했다. "그는 몸인 교회의 머리시라 그가 근본이시요 죽은 자들 가운데서 먼저 나신 이시니 이는 친히 만물의 으뜸이 되려 하심이요." 여기서 '으뜸'(preeminence, 탁월함)이라는 단어는 헬라어 '프로튜오'(prōteúō)에서 왔는데 '첫째가 되다, 첫 번째 지위 또는 최고의 존엄성을 지니다, 탁월함을 지니다'라는 뜻이다.[1] 영어 형용사 '탁월한'(preeminent)은 라틴어 동사 '프레미네레'[praeeminere;

---

1) William Mounce and Rick D. Bennett Jr., Mounce Concise Greek-English Dictionary of the New Testament, s.v. "prōteúō," Accordance Bible Software, 1993.

prae(앞에) + *eminere*(눈에 띄다)]에서 파생되었는데 이는 지위, 존엄성, 가치, 본질, 중요성에서 다른 모든 것보다 뛰어나거나 능가하는 것을 말한다. 이 세 가지 특성은 모두 그리스도와 그의 복음을 묘사하는 것이다.

복음의 중심성과 탁월함을 더 강조할 방법은 없다. 복음은 기독교의 유일한 메시지는 아니지만 그 위치와 존엄성, 아름다움에 있어서 단연 으뜸이다. 복음은 성경의 다른 위대한 진리들을 대체하지는 않지만, 그것들의 초석이자 그 진리들의 참된 지혜를 드러내고 이해하게 하는 프리즘이다.

간단히 말해서, 예수 그리스도와 그의 사역을 떠나서는 기독교도, 신앙적인 헌신도, 참된 영성도 존재하지 않는다. 그의 복음은 인간과 천사들에게 주신 하나님의 가장 위대한 계시이며, 타락한 인류가 구원받을 수 있는 유일한 수단이고, 그리스도인으로 하여금 참된 경건을 취하여 그리스도를 닮도록 동기를 부여하고 인도하는 위대한 수단이다.

예수 그리스도와 그의 복음의 탁월함에 대해 존 뉴턴은 이런 시를 썼다.

"그리스도를 누구라 생각하는가?"
이 질문은 우리의 상태와 계획 모두에 관한 시험,

그리스도를 바르게 알지 않는 한

우리는 나머지 부분에서도 옳을 수 없다.[2]

그리스도와 그의 복음에 대해 어떤 생각을 하는가? 우리가 이 질문에 어떻게 대답하느냐에 따라 우리에게 무엇이 필요한지 알 수 있다. 그러나 우리의 행동이 우리의 고백의 진실성을 입증한다는 사실을 기억하라. 그리스도와 그의 복음이 우리의 생각과 마음에서 으뜸이라면, 그분은 우리의 선포에서도 당연히 으뜸이 되실 것이며, 우리가 닮고자 하는 최고의 표준이 되실 것이고, 우리 삶의 탁월한 동기가 되실 것이다. 다시 말해, '그리스도께서 내 죄를 위해 죽으셨다'는 이 한 가지만 빼고 다른 모든 것을 빼앗겨도 우리는 여전히 우리의 메시지, 우리의 목표, 우리의 동기, 우리의 마음의 소망을 붙들 수 있다!

다음 장부터 이어지는 내용에서 우리는 예수 그리스도의 복음이 우위를 차지하는 기독교 신앙과 교리의 몇 가지 구체적인 문제를 다룰 것이다. 즉, 계시, 구원, 성화, 연구 그리고 선포에 대해 살펴볼 것이다. 우리는 이러한 주제들에 대한 이 책의 검토가 결코 복음을 총망라한 것이 아니며, 기껏해야 개략 정도라는 점을

---

[2] John Newton, *Olney Hymns* (London: W. Oliver, 1779), book 1, number 89.

기억해야 한다. 이 주제들 중 어느 하나라도 철저하게 연구하려면 여러 권에 걸쳐 글을 써도 다 담을 수 없다. 이것이 바로 우리가 복음의 가장 미세한 부분만을 다루어도 부딪히게 되는 큰 문제이자 피치 못할 안타까움이다. 즉 아무리 미세한 부분만 다루더라도 방대하다! 복음은 일생이 아닌 영원토록 연구할 가치가 있다.

우리가 이 책에서 성경을 살펴볼 때, 나는 우리의 불꽃이 화염처럼 타오르고 그리스도를 알고자 하는 우리의 관심이 모든 것을 통제하는 열정으로 변화되기를 기도한다. 우리의 목표는 하나님의 은혜와 성령의 공급하심으로 우리 모두가 사도 바울처럼 고백하게 되는 것이다.

"그리스도의 사랑이 우리를 강권하시는도다 우리가 생각하건대 한 사람이 모든 사람을 대신하여 죽었은즉 모든 사람이 죽은 것이라 그가 모든 사람을 대신하여 죽으심은 살아 있는 자들로 하여금 다시는 그들 자신을 위하여 살지 않고 오직 그들을 대신하여 죽었다가 다시 살아나신 이를 위하여 살게 하려 함이라"(고후 5:14-15).

"그러나 무엇이든지 내게 유익하던 것을 내가 그리스도를 위하여 다 해로 여길뿐더러 또한 모든 것을 해로 여김은 내 주 그리스도 예수를 아는 지식이 가장 고상하기 때문이라"(빌 3:7-8).

이제 글을 시작하기 전에, 18세기 영국의 비국교 청교도 목회자이자 찬송가 작가이며 교육자였던 필립 도드리지의 열정과 간구로 하나님께 기도의 목소리를 높여 보자.

오, 이 복음이 내 영혼에 영향을 끼치게 하소서. 구원의 모든 미덕이 나의 모든 삶에 퍼지게 하소서! 복음을 듣고 받아들이고 고백할 뿐만 아니라 느끼게 하소서! 이 복음이 내게 영원한 구원으로 이끄는 당신의 능력이 되게 하소서(롬 1:16). 저로 겸손하고 부드러운 마음을 갖고 감사하게 하시고 주를 섬기는 데 적극적이고 지치지 않는 열심을 갖게 하소서. 저의 많은 죄가 사함 받았으니(눅 7:47) 용서받은 자로서 마땅히 이러한 삶을 살게 하소서.[3]

---

3) Philip Doddridge, *Rise and Progress of Religion in the Soul* (New York: American Tract Society, 1849), 120.

6.
복음은 하나님의 최고 계시이다

'계시'(revelation)라는 단어는 라틴어 동사 '레벨라레'[*revelare*; *re*(다시, 뭔가를 되돌린다는 의미에서) + *velum*(베일)]에서 파생된 단어다. 말 그대로, 숨겨져 있던 것을 드러낸다는 뜻이다. 헬라어 신약성경에서 '계시하다'라는 단어는 동사 '아포칼륍토'[*apokalúptō*; *apó*(되돌림) + *kalúptō*(덮다)]에서 번역되었다. 즉, 이 단어는 '드러내다', '덮개를 치워 공개하다'라는 뜻이다. 하나님의 계시는 장막을 걷거나 열어서 숨겨져 있던 것을 드러내는 것, 곧 하나님의 본성과 뜻을 드러냄을 의미한다. 하나님은 다른 모든 인격체들과 사물을 합친 것보다 무한히 가치 있는 분이다. 그러므로 인간에게 자신을 계시하는 것은 하나님이 주실 수 있는 가장 큰 선물이며 그분이 베풀 수 있는 가장 큰 은혜다. 따라서 그분의 감추심, 즉 사람으로부터 자신을 숨기기로 결정하시는 것은 가장 큰 심판이다.

성경은 하나님께서 여러 방법으로 인간에게 자신을 계시하셨다고 가르친다. 첫째, 모든 사람의 마음에 기록된 율법과 모든 만물을 통해 모든 세대의 모든 인류에게 전달된 일반 계시가 있다. 사도 바울은 로마 교회에 보낸 서신의 첫 두 장에서 이 사실을 확언했다.

"창세로부터 그의 보이지 아니하는 것들 곧 그의 영원하신 능력과 신성이 그가 만드신 만물에 분명히 보여 알려졌나니 그러므로 그들이 핑계하지 못할지니라"(롬 1:20).

"율법 없는 이방인이 본성으로 율법의 일을 행할 때에는 이 사람은 율법이 없어도 자기가 자기에게 율법이 되나니 이런 이들은 그 양심이 증거가 되어 그 생각들이 서로 혹은 고발하며 혹은 변명하여 그 마음에 새긴 율법의 행위를 나타내느니라"(롬 2:14-15).

성경은 이러한 일반 계시 외에도 하나님께서 이스라엘 민족을 주권적으로 선택하셔서 그들을 통해 인류에게 특별 계시를 주셨다고 증언한다. 이 한 민족에게 "하나님의 말씀"(롬 3:2)을 맡기셔서 그들이 "율법의 교훈을 받아 하나님의 뜻을 알고 지극히 선한 것을 분간"하도록 하셨고, 그렇게 됨으로 그들이 "맹인의 길을 인도하는 자요 어둠에 있는 자의 빛이요 율법에 있는 지식과 진리의 모본을 가진 자"가 되도록 하셨다(롬 2:18-20 참조). 그러나 이러한 엄청난 특권에도 불구하고 이스라엘 민족은 주변 이방인이나 이방 나라들보다 더 낫게 행동하지 못했다. 그 결과 세상은 영적 어둠과 우상 숭배, 그리고 극심한 부도덕에 휩싸일 수밖에 없었다(엡 4:17-19).

하지만 세상이 가장 어두웠을 때, "때가 차매 하나님이 그 아들을 보내사"(갈 4:4), "이방을 비추는 빛이요 주의 백성 이스라엘의 영광"(눅 2:32)이 되게 하시고 "땅 끝까지 구원하게"(행 13:47) 하셨다. 성육신하신 아들과 그의 복음이 인간과 천사들에게 주신 하나님의 가장 위대한 계시이며, 그 계시의 절정이 갈보리 십자가라는 것은 성경과 교회의 모든 신앙고백, 신조, 교리문답의 증언이다! 갈보리에서 우리는 하나님의 모든 속성이 완벽하게 조화를 이루는 가장 완전한 계시를 발견한다. 거기서 그분의 거룩하심과 의로우심은 죄에 대한 공의로운 형벌을 통해 드러난다. 거기서 그분의 은혜와 자비는 죄 많은 그분의 백성을 대신한 그분의 아들의 고난과 죽음에서 드러난다. 그렇다. 우리는 십자가에서 하나님의 성품과 속성에 대한 가장 위대한 계시를 보게 되며, 이 단 하나의 사건의 선포를 통해 하나님은 계속해서 자신을 알리신다. 요한이 "본래 하나님을 본 사람이 없으되 아버지 품 속에 있는 독생하신 하나님이 나타내셨느니라"(요 1:18)라고 말했을 때, 그는 그리스도의 오심과 가르침, 그리고 기적뿐만 아니라 그분의 십자가를 언급한 것이다. 거기서 우리는 하나님에 대한 가장 위대한 설명과 해설을 발견할 수 있다! 이에 에드워드 페이슨은 이렇게 썼다.

> 복음에는 여호와의 도덕적 탁월함과 완전함을 웅장하게 보여 주는 내용이 담겨 있다. … 요약하면, 여기서 여호와의 도덕적 성품이 온전하고 완전하게 빛난다. 여기서 신격의 모든 충만함, 인간이 감당할 수 없는 신성의 모든 광채가 터져 나와 우리의 눈을 시리게 한다. 여기서 하나님의 다양한 완전성, 거룩과 선, 공의와 자비, 진리와 은혜, 위엄과 겸손, 죄에 대한 증오와 죄인에 대한 긍휼이 마치 하나의 눈부신 백색 빛으로 나타나는 여러 가지 색의 태양 광선처럼 조화롭게 혼합되어 있다. 하나님은 그분의 피조물들로부터 그분의 다른 어떤 수고보다 복음의 사역에서 가장 큰 존경과 감사와 사랑을 요구하신다. 천상의 가장 황홀한 찬양을 지금까지 불러일으켰고 앞으로도 영원토록 불러일으킬 하나님의 사역이 여기에 있다. 이 사역은 그들의 가슴에 변함없이 타오르는 헌신의 불을 일

으킨다. 복음 안에서 빛나는 영광은 하늘을 비추는 영광이고 죽임을 당하신 어린양은 바로 그 빛이기 때문이다.[1]

옥타비우스 윈슬로우 역시 『그리스도인이 누리는 보배로운 선물』에서 그리스도의 영광을 연구할 때 발견되는 경이로움에 대해 말했다.

오, 보석으로 장식된 하늘, 산의 숭고함, 계곡의 아름다움, 바다의 웅장함, 시냇물의 물소리, 바람의 음악 속에서 하나님을 연구하지 말라. 하나님이 이 모든 것을 만드셨지만 이 모든 것은 하나님이 아니다. 예수님의 십자가에서 그분을 연구하라! 이 놀라운 십자가의 망원경을 통해 하나님을 바라보라. 그러면 비록 어두운 유리를 통해서 그분의 영광을 보는 것 같을지라도(즉, 지독히 가려진 신격 및 피를 배경으로 한 그분의 신성의 빛을 보게 되더라도), 피에 물든 거친 십자가는 한 번도 죄로 더럽힌 적이 없고 저주가 임한 적이 없는 그런 세상 만 개를 합쳐 놓은 것보다 더 완벽하게 하나님의 마음을 드러내고 하나님의 영광을 더 충분하게 드러낸다. 그리스도 안에 계신 하나님과 십자가에 달리신 그리스도를 연구하라! 오, 십자가 안에

---

[1] Edward Payson, *The Complete Works of Edward Payson* (Harrisonburg, Va.: Sprinkle Publications, 1998), 3:42-43.

담긴 경이로움과 그 주위로 비치는 영광, 그것으로부터 흐르는 복의 강, 그것이 드리우는 깊고 상쾌한 그늘이여! 예수님을 바라보고 사는 사람, 예수님을 바라보고 사랑하는 사람, 예수님을 바라보고 순종하는 사람, 예수님을 바라보고 '거짓이 없으신 하나님이 영원 전부터 약속하신' 그 복된 영생의 소망을 품는 모든 사람의 행복한 경험이여! 그리스도의 이 반석에 서는 참으로 신령한 집이여![2]

---

2) Octavius Winslow, *The Precious Things of God* (Louisville, Ky.: GLH Publishing, 2015), 7-8; 옥타비우스 윈슬로우, 『그리스도인이 누리는 보배로운 선물』, 지평서원.

7.
복음은 구원의 가장 중요한 메시지이다

'구원'(salvation)이란 단어는 헬라어 명사 '소테리아'(*sotēria*)에서 유래한 것으로, 육체적 또는 영적 구조 또는 구출을 의미한다. 영적인 구원은 하나님께서 시작하시고 완성하시는 주권적 행위를 의미하며, 이를 통해 하나님은 자신의 백성을 죄의 결과와 권능으로부터 구원하시고 자신과 화목한 관계를 갖게 하신다. 이는 궁극적으로 예수 그리스도의 복음을 통해 이루어진다.

구약과 신약을 통틀어 하나님은 그의 백성의 구주 또는 구속자로 계시되신다(시 17:7; 사 60:16; 딛 3:4; 딛 2:5). 사실, 성경은 구원이 오직 왕이신 하나님께 속한 특권이라고 선언한다. 시편 기자는

"구원은 여호와께 있사오니"(시 3:8)라고 외쳤고 다시 "의인들의 구원은 여호와로부터 오나니"(시 37:39)라고 외쳤다. 요나는 큰 물고기 배 속에서 "구원은 여호와께 속하였나이다"(욘 2:9)라고 고백하여 동일한 사실을 확언했다. 이사야를 통해 하나님은 더욱 분명하게 말씀하신다. "나 곧 나는 여호와라 나 외에 구원자가 없느니라"(사 43:11), "나는 공의를 행하며 구원을 베푸는 하나님이라 나 외에 다른 이가 없느니라"(사 45:21). 이러한 이유로 주님은 국적이나 문화적 정체성과 상관없이 모든 민족에게 주께로 돌아와 구원을 얻으라고 부르신다. "땅의 모든 끝이여 내게로 돌이켜 구원을 받으라 나는 하나님이라 다른 이가 없느니라"(사 45:22).

하나님께서 구원자라는 칭호를 다른 존재와 공유하지 않으시는 것은 예수 그리스도에 대해 많은 사실을 알려 준다. 신약성경 전체에서 예수님은 반복적으로 구주로 불리시며(눅 1:69; 요 4:42; 행 5:31; 롬 11:26; 딛 3:6; 요일 4:14), 구원 사역은 일관되게 오직 그분께 달려있고(마 1:21; 눅 19:10; 행 15:11, 16:31; 롬 10:9; 살전 5:9; 딤전 1:15), 다른 그 어떤 존재로는 구원이 결코 가능하지 않다(행 4:12; 딤전 2:5; 요일 5:11-12). 사도행전 4장 12절에 기록된 베드로의 선포는 특히 중요하다. "다른 이로써는 구원을 받을 수 없나니 천하 사람 중에 구원을 받을 만한 다른 이름을 우리에게 주신 일이 없음이라." 베드로가 구원을 오직 그리스도의 이름에 돌린 것은 우리에게 단 하나의 결론을 남긴다. 즉, 예수 그리스도는 그 이름의 가장 완전한 의미에 있어서 하나님이시라는 것이다!

타락하고 도덕적으로 부패한 인류의 영원한 구원을 성취하는 일이 얼마나 어려운 일인지 결코 과소평가되어서는 안 된다. 예수님은 죄인(부자든 가난한 자든)이 하나님 나라에 들어가는 것보다 낙타가 바늘귀로 들어가는 것이 더 쉽다고 말씀하셨다(마 19:23-26). 구원이 이렇게 어려운 이유는 우리의 도덕적 타락과 죄뿐만 아니라 하나님의 거룩하고 의로우신 본성 때문이기도 하다. 하나님이 도덕과 무관하거나 부도덕하시다면 우리의 죄가 문제 되지 않겠지만, 하나님은 의를 사랑하시고 모든 불의를 미워하시기 때문에 우리의 죄는 가장 큰 딜레마가 된다.

그러면 어떻게 하나님은 그분의 거룩하고 의로운 본성과 모순되지 않으면서도 우리의 죄를 용서하실 수 있을까? 또는 로마서 3장 26절에 나오는 바울의 말을 빌려, 하나님은 어떻게 의로우신 동시에 악인을 의롭다 하실 수 있을까? 모든 질문 중 가장 위대한 이 질문에 대한 답은 예수 그리스도의 복음에서 찾을 수 있다. 하나님의 아들은 참 사람이 되셔서 하나님의 율법에 온전히 순종하는 삶을 사셨다. 갈보리에서 그분은 자기 백성의 죄를 짊어지고 그들이 마땅히 받아야 할 하나님의 진노를 대신 받으셨으며, 그들을 반대하는 하나님의 공의의 요구를 충족시키셨다. 예수님으로 인해 아버지께서는 그분의 의를 조금도 어기지 않으시고 죄 많은 백성을 용서하실 수 있게 되셨고, 그분의 거룩에 조금도 해를 끼치지 않고 그들을 자신에게로 부르실 수 있게 되셨다.

이것은 단지 많은 메시지 중 하나가 아니라 다른 모든 메시지보다 가장 중요한 메시다. '십자가의 도'는 교회가 전해야 할 말씀이다. 십자가의 도는 우리 마음의 중심에 있어야 하고, 우리의 생각에서 가장 우선시되어야 하며, 모든 설교의 시작과 끝이 되어야 한다. 기독교를 다른 모든 종교와 차별화시키는 것이 바로 이 메시지다. 이 메시지는 교회에 생명과 힘과 아름다움을 준다. 이 메시지를 잃어버리거나 희석시키거나 부차적인 것으로 취급한다면 우리 믿음의 심장에 단도를 꽂는 것과 같다. 이 책에서 단 한 가지 진리를 얻을 수 있다면, 그것은 복음이 성경적이고 개혁주의적이며 복음주의적인 기독교의 가장 중요한 주제라는 것이다.

매튜 헨리는 "그리스도의 죽음과 부활에 대한 교리는 기독교의 근간을 이루고 있다. 이 기초를 제거하면 모든 구조가 무너지고 영원에 대한 우리의 모든 소망은 한꺼번에 가라앉는다. 이 진리를 굳건히 붙잡음으로써 그리스도인들은 시련의 날을 견뎌내고 하나님께 충성할 수 있다"라고 말했다.[1]

---

[1] Matthew Henry, *Matthew Henry's Commentary* (Mclean, Va.: MacDonald Publishing, 1980), 6:585.

렌즈키는 또한 그리스도의 복음이 약화되는 것의 위험을 경고했다.

온 우주에서 한 영혼을 구원할 수 있는 다른 힘은 없다. 그러므로 복음을 거부하는 것은 구원을 거부하는 것이다. 복음 대신 다른 무엇으로 대체하는 것은, 구원 대신 구원을 잃는 다른 무엇으로 대체하는 것이다. 복음을 희석하거나 변질시키는 것은 더 이상 구원의 역사가 나타날 수 없도록 복음의 능력을 감소시키는 것이다. … 복음은 구원을 이루는 하나님의 능력이다. 복음이 암시하는 위험은 죄와 죽음, 사탄과 그의 어둠과 파멸의 왕국의 파괴적이고 저주스러운 힘이다. 그런 저주스런 힘에서 벗어나게 할 만한 인간의 힘이 있겠는가? 복음이 암시하는 보장은 하나님의 아들, 빛의 자녀, 천국의 상속자로서 하나님 나라에서 누릴 그리스도 및 하나님과의 연합, 죄사함, 평화다. 인간의 어떤 힘으로 이런 것들을 이룰 수 있겠는가?[2]

마지막으로, 새뮤얼 데이비스는 예수 그리스도에 대한 구원의 지식에 이르는 것이 얼마나 중요한지를 강조한다.

---

2) R. C. H. Lenski, *The Interpretation of Saint Paul's Epistle to the Romans* (Minneapolis, Minn.: Augsburg Publishing, 1961), 74-75.

내가 유죄 선고를 받은 부패하고 무력한 죄인의 회중을 향해 말할 때, 만일 당신이 구원을 받았다면 그것은 오직 예수 그리스도를 통해서만, 복음이 계시하는 방식으로만 가능하다. 당신의 영원한 생명과 행복은 이 경첩, 즉 당신이 예수님을 구주로 영접할 때 임하는 구원에 달려 있다. 나는 이러한 것들을 생각할 때, 당신이 주 예수님을 영접하도록 권면하고, 그분의 중재를 통한 구원의 길을 설명하고 가르치는 것(즉, 조금씩 주입시키며 마음에 심어 주고 영향을 끼치는 것)보다 더 중요한 일은 없다고 생각한다. 즉, 당신에게 순수한 복음을 전하는 것이 내게는 가장 중요하다. 가장 분명하게 말하면, 복음은 아담의 후손으로 태어난 죄인들을 위한 구원의 길에 대한 계시다.[3]

---

3) Samuel Davies, *The Sermons of Rev. Samuel Davies* (Morgan, Pa.: Soli Deo Gloria, 1997), 1:109.

8.
복음은 성화의 최고 수단이다

　복음은 구원의 최고 메시지로 잘 알려져 있지만, 종종 성화에 있어서는 복음의 탁월함이 간과되거나 심지어 무시되기도 한다. 그럼에도 불구하고, 성경을 자세히 살펴보면 복음은 우리의 칭의뿐만 아니라 성화와 관련하여 모든 믿는 자에게 구원을 주시는 하나님의 능력(롬 1:16)인 것을 알 수 있다.

　복음을 처음 믿을 때 우리는 구원을 받지만, 지속적으로 복음을 알아갈 때 우리는 변화되면서 점점 더 예수 그리스도의 형상을 닮게 된다. 사도 바울은 고린도 교회에 보낸 편지에서 이렇게 말했다. "우리가 다 수건을 벗은 얼굴로 거울을 보는 것 같이 주의 영광을 보매 그와 같은 형상으로 변화하여 영광에서 영광에 이르니 곧 주의 영으로 말미암음이니라"(고후 3:18). 그래서 조지 휫필드는 다음과 같이 당부했다,

> 오 신자들이여, 내 마음이 당신을 향하여 간절하다. 복되신 예수님을 바라보고 그분을 많이 의지하며 살기 바란다. 그러면 당신은 점점 더 주를 바라며 살고 그분을 위해 행동하게 될 것이다. 당신이 받은 것에 감사하되, 하나님의 어린양을 영광 가운데 뵙게 될 때까지 그분의 사랑을 새롭게 발견하고 하늘의 은혜를 새롭게 받기를 끊임없이 바라라.[1]

복음의 변화시키는 힘은 생각뿐만 아니라 마음도 움직인다. 종종 우리의 의지는 우리의 지식보다 훨씬 뒤떨어지기 때문에 우리가 받은 주의 명령에 보조를 맞추거나 행동하는 것이 얼마나 어려운지 알게 된다. 그러나 복음은 마음에 작용하여 하나님을 향한 우리의 사랑을 끌어내고 순종하게끔 감동을 준다. 우리를 위해 행하신 하나님의 구속 사역을 더 많이 이해할수록 우리의 열정은 불붙을 것이고 우리의 헌신은 불타오를 것이다.

---

[1] George Whitefield, *The Sermons of George Whitefield* (Wheaton, Ill.: Crossway, 2012), 2:421.

모든 신자는 동일한 도덕적 부패성을 가지고 태어나 동일한 성령에 의해 새로워진다. 그러므로 교회사의 위대한 성도들은 우리보다 더 나은 혈통을 가진 사람들이 아니었다. 그들의 탁월한 헌신과 우리의 헌신 사이의 큰 차이는 단지 예수 그리스도의 복음에 대한 지식의 차이일 뿐이다. 그분이 우리를 위해 행하시고 성취하신 일에 대해 더 많이 알수록 우리는 더 많은 동기를 부여받고 변화될 것이다. 바울은 이 사실을 고린도후서 5장 14-15절에서 확언한다. "그리스도의 사랑이 우리를 강권하시는도다 우리가 생각하건대 한 사람이 모든 사람을 대신하여 죽었은즉 모든 사람이 죽은 것이라 그가 모든 사람을 대신하여 죽으심은 살아 있는 자들로 하여금 다시는 그들 자신을 위하여 살지 않고 오직 그들을 대신하여 죽었다가 다시 살아나신 이를 위하여 살게 하려 함이라."

사도 바울을 위대한 하나님의 종으로 만든 것은 복음을 통해 드러난 그리스도의 사랑이었다. 이 진리는 교회 역사를 통해 계속 확인되어 왔다. 예를 들어, 존 칼빈은 "우리에게 임한 구속자의 특별한 은혜를 알게 될수록 우리는 더욱 힘차게 주를 섬기게 된다"라고 썼다.[2] 조지 휫필드 역시 "예수 그리스도의 죽음은 우리의 삶 전체를 하나의 지속적인 헌신으로 바꾸어 놓는다. 우리가 먹든

---

2) John Calvin, *Calvin's Commentaries* (Grand Rapids, Mich.: Baker, 1979), 21:304.

마시든, 하나님께 기도하든, 사람에게 무엇을 하든, 심지어 우리의 가장 평범한 행동이든 이 모든 것이 하나님께 받아들여지려면 오직 십자가에서 죽으시고 다시 살아나신 그리스도에 대한 사랑과 지식에서 나온 것이어야 한다"라고 강조했다.[3]

성화의 위대한 수단으로 복음을 강조하는 것은 그리스도인의 삶에서 하나님의 계명이 차지하는 위치를 부정하거나 축소하려는 의도가 아니다. 우리의 성화에 있어서 율법의 유용성에 관한 시편 기자의 선언은 여전히 유효하다. "주의 법도들로 말미암아 내가 명철하게 되었으므로 모든 거짓 행위를 미워하나이다 주의 말씀은 내 발에 등이요 내 길에 빛이니이다 주의 의로운 규례들을 지키기로 맹세하고 굳게 정하였나이다"(시 119:104-106).

그리스도께서 존중하신 율법의 진정한 의도, 지상에서의 사역 기간 동안 가르치신 명령과 교훈, 영감 받은 신약성경의 저자들을 통해 주께서 우리에게 주신 교훈은 지극히 큰 보물이자 오류가 없는 지침이다. 이를 통해 우리는 하나님의 성품과 우리가 행할 길을 바르게 이해할 수 있다. 그러나 우리는 십자가에서 하나님과 그분의 뜻에 우리 자신을 온전히 바칠 수 있는 큰 동기를 발견하게 된다. 우리에게는 하나님의 창조, 섭리, 일반 은총 그리고 그

3] Whitefield, *Sermons of George Whitefield*, 2:237.

밖의 무한한 은혜를 위해 끊임없이 헌신하며 살아야 할 합당한 이유가 많이 주어진다. 그러나 에드워드 페이슨이 지적했듯이 그리스도의 십자가는 그 모든 것 위에 우뚝 선다.

바울은 고린도 교회에 보낸 서신에서 예수 그리스도와 그가 십자가에 못 박히신 것 외에는 아무것도 알거나 알리지 않기로 작정했다고 말한다(고전 2:2). 그렇다면 바울은 설교할 때 도덕적 의무에 관해서는 아무 말도 하지 않고 오직 십자가 교리만 전했다는 것인가? 결코 아니다. 그의 모든 서신은 그가 그렇지 않다는 것을 입증한다. 그러나 그는 십자가로부터 흘러나온 동기와 설명을 통해 복음적인 방식으로 도덕적 의무를 지키도록 의도했다.[4]

찰스 시므온 역시 하나님께 대한 우리의 순종과 관련하여 그리스도를 찾고 의지하는 것이 얼마나 중요한지 썼다.

바울이 우리의 소망의 근거와 순종의 동기로서 그리스도의 죽음에 대해 변함없이 말한 두 가지 관점이 있다. … 그는 우리의 구원의 소망을 오직 죽기까지 순종하신 그리스도께 두어야 할 필요를

4] Payson, *Complete Works of Edward Payson*, 3:136.

강력히 주장하면서, 거룩함을 이루어가는 것에 대해서도 그 못지 않게 진지하게 강조했다. 그는 신자들을 "율법에 대하여 죽은 자", "율법 없는 자"로 묘사했지만, 여전히 신자들이 "그리스도의 율법 아래에 있는 자"이며 변함없이 율법의 모든 부분에 순종할 의무가 있다고 주장했다(고전 9:21; 갈 2:19). 또한 모든 분야에서 가능한 한 최대한으로 율법에 순종할 것을 강조했다. 더욱이, 그가 가르친 (즉, 교육한) 교리들이 방종의 목적으로 남용될 위험에 처했을 때, 그는 그러한 위험에 대해 극도의 혐오감을 표명했으며(롬 6:1, 15), "구원을 주시는 하나님의 은혜가 나타나 우리를 양육하시되 경건하지 않은 것과 이 세상 정욕을 다 버리고 신중함과 의로움과 경건함으로 이 세상에 살게 한다"고 선언했다(딛 2:11-12).

거룩한 순종의 삶은 그리스도께서 그의 모든 백성 안에 이루고자 하시는 위대한 목표다. 실제로 '예수'라는 이름은 그분이 오신 목적이 "자기 백성을 그들의 죄에서 구원"하는 것이라고 선포한다(마 1:21). 그분의 죽음의 범위와 목적조차도 "모든 불법에서 우리를 속량하시고 우리를 깨끗하게 하사 선한 일을 열심히 하는 자기 백성이 되게 하려 하심"(딛 2:14)이다. 그분의 부활과 승천 역시 같은 목적을 둔다. "이를 위하여 그리스도께서 죽었다가 다시 살아나셨으니 곧 죽은 자와 산 자의 주가 되려 하심이라"(롬 14:9). 이러한 사실을 친히 깨달은 바울은 거룩한 소명을 감당함에 있어서 다른 사도들보다 더 많이 수고했다. 그는 꺼지지 않는 열심과 불굴의 열정을 갖고 나아갔으며, 그에게는 궁핍과 수고와 투옥과 죽음도 전혀 문제가 되지 않았다. "내가 달려갈 길과 주 예수께 받은 사명 곧 하나님의 은혜의 복음을 증언하는 일을 마치려 함에는 나의 생명조차 조금도 귀한 것으로 여기지 아니하노라"(행 20:24).

그러나 그가 그렇게 행동하게 된 원칙은 무엇이었는가? 그는 친히 말하기를 그리스도께서 그를 위해 행하시고 고난 받으신 일 때문에 그리스도에 대한 의무감에 이끌렸다고 말한다. "그리스도의 사랑이 우리를 강권하시는도다 우리가 생각하건대 한 사람이 모든 사람을 대신하여 죽었은즉 모든 사람이 죽은 것이라 그가 모든 사람을 대신하여 죽으심은 살아 있는 자들로 하여금 다시는 그들 자신을 위하여 살지 않고 오직 그들을 대신하여 죽었다가 다시 살아나신 이를 위하여 살게 하려 함이라"(고후 5:14-15). 이것이 바로 바울이 모든 성도들 사이에 보편적으로 받아들여지기를 원했던 원칙이고, 모든 사람의 마음에 깊게 남겨지기를 바랐던 원칙이다. "그러므로 형제들아 내가 하나님의 모든 자비하심으로 너희를 권하노니 너희 몸을 하나님이 기뻐하시는 거룩한 산 제물로 드리라 이는 너희가 드릴 영적 예배니라"(롬 12:1). 바울이 언급한 자비가 무엇인지 우리는 분명히 알 수 있는데, 그것은 그리스도의 구속 사역을 통해 우리에게 보장된 위대한 자비다. 그러므로 바울은 다른 곳에서 "너희는 … 값으로 산 것이 되었으니 그런즉 너희 몸으로 하나님께 영광을 돌리라"(고전 6:19-20)고 말한다.

자, 이것이 바로 사도가 "그리스도가 십자가에 못 박히신 것"이라는 표현으로 나타내려는 주제다. 그 주제는 두 부분으로 구성된다. 첫째는 구원을 위해 그리스도를 믿는 것(즉, 신뢰하는 것)이고, 둘째는 그로 인해 율법에 순종하는 것이다. 바울이 이 두 부분 중 한 부분만 취했다면 그의 견해는 불완전했을 것이고 그의 사역은 성공할 수 없었을 것이다. 그가 그리스도를 세상의 유일한 구주로 제시하는 것을 게을리했다면, 그는 그리스도를 믿는 믿음을 저버리고, 듣는 사람들로 하여금 모래 위에 소망을 세우도록 이끌었을 것이다. 반면에 그가 거룩함을 교육하는 일(즉, 양육하는 일)을 무시하고 구속의 사랑을 순종의 동기로 제시하는 것을 경시했다면, 그는 그가 종종 억울하게 누명을 써 왔던 율법 폐기론자라는 고발에 합당한 사람이 되었을 것이다. 그리고 그의 교리에 가장 부당하게 던져진 비난을 마땅히 받아야 했을 것이다. 그러나 그는 어느 쪽에도 잘못하지 않았다. 그는 기초도 잊지 않았고 그 위에 세워진 신조도 잊지 않았다. 그는 그것들을 적절하게 구별했지만, 늘 그것들을 제자리에 두었다.[5]

---

5) Charles Simeon, *Expository Outlines on the Whole Bible* (Grand Rapids, Mich.: Baker, 1988), 16:35, 37-39.

복음의 거룩하게 하는 능력은 우리에게 격려가 될 뿐만 아니라 자기 성찰을 요구한다. 우리는 복음의 진리를 이해할수록 그 진리로 인해 열정을 갖게 되고 변화하게 된다. 우리는 이 사실을 알고 격려를 받아야 한다. 하지만 우리는 또한 우리의 지식이 변화로 이어지는지 우리 자신을 진지하게 성찰해야 한다. 복음에 대한 참된 지식은 그리스도의 복음에 대해 축적된 정보로 측정되는 것이 아니다. 오직 복음의 그리스도를 닮았는지로 측정된다. 모든 신학과 마찬가지로 참된 복음 연구는 헌신과 예배의 행위이며, 결과적으로 변화를 가져온다. 존 오웬은 이 사실을 정확하게 지적했다.

> 정치 이론에 대한 지식과 정치 수완은 다른 것처럼 키케로(Cicero)의 『법률론』(Laws)과 플라톤(Plato)의 『공화국』(Republic)을 예리하게 연구한다고 해서 자연히 훌륭한 시민이 배출되는 것은 아니다. 같은 논리로, 기독교 신학자는 피상적인 지식이나 신학의 기술적 체계와 과학적 용어에 대한 약간의 이해를 가진 사람이 아니다. 그에게 그리스도의 참된 제자의 표시가 없다면 그는 신학자가 아니라 죄책에서 벗어나지 못한 비참한 죄인일 뿐이다. 오래전에 필로스트라투스(Philostratus)는 이러한 학자들을 가리켜 "우리가 가르치는 것이 우리 자신의 행동과 모순된다면, 우리는 단지 피리 부는 사람처럼 소리만 나는 구리와 꽹과리이다"라고 멋지게 묘사했다. … 하

나님의 사랑으로 불타오르지 않는 사람은 모든 신학의 문외한이라고 담대히 선포하자! 그가 까다로운 문제를 해결하기 위해 오랫동안 열심히 노력하고, 현존하는 신학 서적들을 가장 열렬히 탐독하더라도, 지식만 있고 그에 합한 성품이 없다면, 그는 하나님의 진리의 자연스러운 아름다움을 조금이라도 체험해 본 적이 없는 복음의 문외한이다. 그는 신성한 진리에 대한 사랑으로 불타오르는 사람도 아니고 진리의 아름다움에 사로잡힌 사람도 아니다.[6]

존 오웬의 권면은 신학적 사고의 모든 범주에 적용될 수 있지만, 특히 모든 신학의 성채(城砦)인 복음에는 얼마나 더 많이 적용되어야 하겠는가? 그리스도를 알고 그의 복음으로 변화되기 위해 간절한 갈망을 갖고 많은 기도로 공부하자! 그리고 복음이 우리 삶에 가져온 변화로 복음에 대한 우리의 지식을 측정하자.

---

[6] Owen, *Biblical Theology*, 619, xlvi.

9.
복음은 가장 중요한 연구 주제이다

　인간의 삶은 매우 짧은데도, 언어, 문학, 역사, 수학 그리고 거의 셀 수 없을 정도로 많은 과학 분야 등 가치 있는 학문이 무수히 존재한다. 지구상의 모든 인간이 최고의 천재성을 지닌 지성을 가지고 모두 과학이라는 한 가지 분야에 전념한다고 해도 그 주제에 대해 알아야 하는 모든 것을 다 알아낼 수 없을 것이다. 하나님이 창조하신 우주는 참으로 경이롭다! 그러나 탐구하고 묵상할 가치가 있는 모든 주제 중에서, 에베레스트산처럼 그 모든 작은 산들을 뛰어넘는 것이 있다. 그것은 바로 예수 그리스도의 복음에 계시된 하나님을 아는 지식이다.

찰스 시므온은 이에 대해 다음과 같이 설명했다.

인간의 마음을 사로잡는 모든 주제 중에서 하나님의 독생자의 성육신과 그분의 죽음을 통한 구속의 주제만큼 위대하고 영광스러운 주제는 없다. 이는 하늘의 천사들을 끊임없이 사로잡는 주제이다. 사도 바울은 그의 즉각적인 담론의 주제가 무엇이든 간에 매번 그 주제로 되돌아간다. 예기치 않게 그 주제를 다루게 되면 얼마나 전하고 중단해야 할지 모르는 사람처럼 말을 계속 이어나간다.[1]

윌리엄 베이츠도 헤아릴 수 없는 성경의 깊이에 경탄했다.

바울 사도는 우리의 구속의 비밀에는 "지혜와 지식의 모든 보화"(골 2:3)가 담겨 있기에 그 탁월함과 풍성함을 나타낸다고 말한다. 그 은혜의 '측량할 수 없는 풍성함'이 그 안에 쌓여 있다. 그 안에는 아무리 탁월한 이해력을 가진 사람이라도 끝없이 탐구해야 하는 무한한 다양성과 영원한 것들이 있다. 어떤 이성적인 존재도 그 높이에 도달하거나 그 깊이를 알아낼 수 없다. 끊임없는 연구와 그에 따른 지식의 증가는, 짧고 격렬한 감각적인 쾌락과는 비교할 수 없

---

[1] Simeon, *Expository Outlines*, 18:166.

는 하늘의 영원한 즐거움을 가져다준다.[2]

아이작 암브로스도 『예수를 바라보라』에서 그리스도에 대한 끝없는 연구가 얼마나 달콤한지 고백했다.

감히 말하건대, 그리스도는 설교의 주제 중 가장 달콤한 주제이다. 향유를 부은 것처럼 그 냄새는 너무 향기롭고 그 맛은 너무 달콤하니 모든 처녀들이 그분을 사랑하지 않을 수 없다! 그 주제는 하늘이든 땅이든 그 안에 있는 모든 영광과 아름다움과 탁월함을 다 포괄한다. 그 주제는 달콤하고 깊은 신비가 있다. 분명히 예수 그리스도에 관한 책들이 많이 쓰였다. 각 줄마다, 각 설교마다, 각 책마다, 각 전집마다 이 신비를 다루더라도 아직 예수 그리스도에 대한 교리 문답의 한 조항에 불과하다. … 이 복된 신비를 더 깊게 많이 발견하는 것은 가치 있는 연구이기에 그리스도의 모든 사역자들은 그 신비를 해석하고 읽고 이해하는 데 전념하는 것이 마땅하다.[3]

학계에서 신학이 '학문의 여왕'으로 여겨지던 시절이 있었다. 그러나 지금은 인류의 대다수가 더 이상 신학을 명예롭게 생각하지

---

2) Bates, *Harmony of the Divine Attributes*, 104.
3) Ambrose, *Looking unto Jesus*, viii; 아이작 암브로스, 『예수를 바라보라』, 부흥과개혁사.

않는다. 이는 하나님과 원수 된 타락한 세상(요 3:19-20; 롬 8:7)에서는 예상할 법한 일이지만, 하나님의 백성들, 심지어 사역자들 사이에서도 그런 무관심과 방관의 태도가 보이니 참으로 비참하고 비탄한 일이다. 우리는 구슬을 가지고 놀기 위해 다이아몬드를 버릴 것인가? 돌을 모으기 위해 금을 피할 것인가?

현명하고 훌륭한 교사에게 배우는 '미술 감상' 교육은 학생들의 관심과 애정을 기본적이고 일반적인 것에서 진정으로 가치 있는 기쁨과 관조(觀照)와 대화로 변화시키고 고양시킨다. 이 교육은 생각과 영혼 모두를 변화시키고 고취시키고 만족시킬 능력을 기르도록 고안된 가치 있는 학문이다. 오늘날 교회와 개개인의 그리스도인들은 특히 복음에 관한 '신학적 감상'(theological appreciation) 교육이 필요하다. 신자들의 관심과 애정은 단순히 나쁜 것에서 좋은 것으로 바뀌어야 할 뿐만 아니라 좋은 것에서 가장 탁월한 것, 즉 예수 그리스도의 성품과 사역을 통해 하나님을 볼 수 있는 방향으로 바뀌어야 한다. 토마스 굿윈은 "복음의 진리는 금보다 더 가치가 있고 보석보다 더 풍부하다"라고 썼다.[4]

원칙과 명령만 강요하는 교회는 영양실조로 쇠약해질 것이다. 마음이 시들고 소망이 사라지고 활력이 고갈될 것이다. 그러나 그

---

[4] Thomas Goodwin, *The Works of Thomas Goodwin, D.D.* (Grand Rapids: Reformation Heritage Books, 2022), 4:307.

리스도와 그의 복음을 먹고 자란 교회는 힘에서 힘으로, 영광에서 영광으로 나아갈 것이다. 이는 "오직 자기의 하나님을 아는 백성은 강하여 용맹을 떨치기" 때문이다(단 11:32).

신자는 그리스도와 그의 복음을 연구하는 것을 삶의 훈련으로 삼아야 하며, 목회자는 그 일을 자신의 가장 큰 직분으로 여겨야 한다. 사실, 목회자는 '신학적 감상'의 교사가 되어야 한다. 그는 매일 오랜 시간 성경에서 그리스도의 위대한 보화를 캐내야 하며, 기회가 있을 때마다 그 보화를 하나님의 백성에게 제시해야 한다. 그의 모든 수고의 목표는 하나님의 백성이 그들의 관심과 사랑을 하나님께로 향하도록 하는 것이고, 그들이 주님의 선하심을 맛보고 체험함으로써(시 34:8) 세상의 허무한 것들을 거부하게 하는 것이다. 그럴 때 주의 백성의 마음은 고양되고, 그들의 사랑은 고상하여지며 성품은 변화되고, 그들의 영혼은 그리스도와 그의 복음 안에서 완전히 만족할 것이다.

우리 중 가장 훈련이 잘된 사람이라도 복음에 마땅한 수준의 헌신에는 결코 이르지 못한다. 그럼에도 우리는 온 힘을 다해 노력해야 한다. 우리 중 가장 통찰력이 뛰어난 사람도 그리스도와 그의 복음에 대해 알아야 할 모든 것에 훨씬 못 미치고 삶을 마칠 것이다. 그렇더라도 복음을 알려는 수고는 여전히 우리가 열망해야 할 가장 가치 있는 노력이다. 비록 우리가 자신을 위해 세운 목표를 영원히 달성할 수 없을지라도 그 수고로 인한 영혼의 변화라는 가치는 한량없을 것이다!

존 플라벨도 이를 분명하게 말했다.

오, 그렇다면 그리스도를 연구하고 그분을 더 많이 알기 위해 공부하라. 그리스도 안에는 가장 독수리 같은 예리한 눈을 가진 신자라도 아직 보지 못한 훌륭한 것들이 많이 있다. 아, 그리스도의 어떤 것을 그의 백성이 알지 못한다면 이 얼마나 슬픈 일인가! 그리스도를 더 집중적으로 알고, 그분을 아는 지식이 당신의 마음과 사랑에 체험적인 맛과 생생한 능력을 가져오도록 공부하라. 그 안에는 모든 달콤함과 위로가 담겨 있다.[5]

찰스 스펄전 역시 예수 그리스도에 대한 연구에 혼신을 다하는 것이 얼마나 가치가 있는지를 강조했다.

그리스도를 연구하라. 모든 학문 중에 가장 뛰어난 지식은 십자가에 못 박히신 구주를 아는 것이다. 그리스도를 가장 많이 아는 사람이 하늘의 대학에서 가장 많이 배운 사람이다. 그분을 가장 많이

---

5) Flavel, *Works of John Flavel*, 1:39.

아는 사람은 여전히 주의 사랑이 지식을 능가한다고 말한다. 그러니 경이로움으로, 감사함으로 그분을 바라보라.[6]

속죄 제물이신 예수 그리스도는 모든 신자가 가장 먼저 생각해야 할 대상이다. 우리가 아직 육신에 있기에 이 세상의 것들을 생각할 수밖에 없지만 그럼에도 이 한 가지 주제는 우리 영혼을 사로잡아야 하며, 새가 둥지로 날아가는 것처럼 우리 마음이 느슨해질 때마다 다시 예수 그리스도를 생각해야 한다. 그분은 우리가 날마다 묵상하고 밤마다 우리 자신을 비추어 보아야 할 주된 대상이다. 우리는 진실하게 시편 1편의 말씀을 옮기며 이렇게 말할 수 있다.

"복 있는 사람은 악인들의 꾀를 따르지 아니하며 죄인들의 길에 서지 아니하며 오만한 자들의 자리에 앉지 아니하고 오직 여호와의 율법을 즐거워하여 그의 율법을 주야로 묵상하는도다 그는 시냇가에 심은 나무가 철을 따라 열매를 맺으며 그 잎사귀가 마르지 아니함 같으니 그가 하는 모든 일이 다 형통하리로다"(시 1:1-3).

하나님의 어린양을 많이 묵상하는 것은 이 우주에서 가장 위대한 대상에 당신의 마음을 두는 것이다. 그분과 비교하면 다른 모든 것은 칙칙하다! 과학이란 인간의 무지를 순서대로 나열한 것 외에 무엇이겠는가? 고전학은 그분의 가르침과 비교할 때 엄선된 바벨의

---

[6] Charles Spurgeon, *Metropolitan Tabernacle Pulpit* (Pasadena, Tex.: Pilgrim Publications, 1975), 39:482.

허튼 소리들이 아니고 무엇이겠는가? 그분 앞에서 시인은 몽상가일 뿐이고 철학자는 바보일 뿐이다. 예수님만이 지혜와 아름다움과 설득력 있는 말씀과 능력이시다. 모든 주제 중에 그 어떤 주제가 감히 인간의 본성과 연합하신 하나님, 인간들의 자녀로 성육신하신 무한하신 하나님, 인류와 연합하여 인간의 죄를 지신 하나님, 우리를 향한 사랑으로 인해 자신의 죄가 아닌 우리의 죄 때문에 고난을 받고자 범죄자 중 하나로 헤아림을 받는 자리까지 낮아지신 하나님과 비교할 수 있겠는가? 오 경이로운 꿈같은 사랑이여! 사람들이 그런 사랑을 원한다면 그들은 그리스도 안에서 그 사랑을 찾을 수 있으리라! 오 사랑아, 사람들이 너를 찾는다면 여기서만 너를 볼 수 있으리라! 오 지혜여, 사람들이 애써서 너를 찾는다면 여기서 가장 순수한 광석을 발견하리라! 오 행복이여, 사람들이 애타게 너를 찾는다면 너는 하나님의 그리스도와 함께 거하고 있으니, 그들은 그리스도 안에서 너를 찾아 누리리라. 오 주 예수여, 당신은 우리가 필요로 하는 전부입니다!

"주님을 찾는 것은 마치 깊고 신비하고 기묘한 비밀을 찾는 것과 같다. 그 비밀을 아는 즐거움은 세상의 모든 즐거움을 다 하나로 모아 놓은 것보다 훨씬 더 능가하는 즐거움이다."

위로는 하늘을 뒤지고 아래로는 땅을 샅샅이 살펴볼 수 있고, 비밀의 신비를 꿰뚫어 사물의 처음 원리와 시작을 알아낼 수 있더라도 당신이 다른 모든 만물에서 발견하는 것보다 하나님과 동등하신 나사렛 예수 안에서 더 많은 것을 발견하게 될 것이다. 그분은 모든 진리의 총체이자 실체이시며, 모든 피조물의 본질이시고, 생명의 영혼이며, 빛 중의 빛이고, 하늘 중의 하늘이시지만, 이 모든 것 또는 내가 말할 수 있는 다른 모든 것보다 훨씬 더 위대하신 분이다. 이 세상에 그처럼 광대하고 숭고하고 순수하고 고귀하고 신성한 대상은 없다. 주 예수님을 바라보게 하소서. 그 안에서 내 눈이 모든 귀한 것을 보나이다.[7]

스티븐 차녹은 『하나님의 존재와 속성』에서 그리스도를 아는 지식에서 자라나기를 추구해야 한다고 강조했다.

구속에 담긴 하나님의 지혜를 연구하고 경탄하라. 이것이 모든 그리스도인의 의무다. 우리는 철학의 심오함을 이해하도록 부름 받은 것이 아니다. 우리는 세상 정치의 기술을 익히거나 물리학의 모든 방법을 이해하도록 부름 받은 것이 아니라, 그리스도인으로 부름 받았다. 즉, 하나님의 복음에 담긴 지혜를 연구하는 자로 부름 받았다. 먼저 배워야 할 초보적인 원칙이 있지만, 더 발전하지 않

---

[7] Spurgeon, *Metropolitan Tabernacle Pulpit*, 18:391-92.

고 안주할 수 있는 그런 원칙은 없다. "그러므로 우리가 그리스도의 도의 초보를 버리고 … 완전한 데로 나아갈지니라"(히 6:1-2).

의무는 실천해야 하고 지식은 무시되어서는 안 된다. 복음의 신비에 대한 공부와 하나님의 진리들의 조화, 신성한 지혜의 번뜩임은 하나님의 영광과 인간의 구원이라는 위대한 목적을 위해 상호 결합되면서 예배에 대한 의무와 열정을 갖게 하는 동기가 된다. 특히 예배의 가장 크고 높은 부분인 하나님에 대한 감탄과 찬양과 그분을 즐거워함에 대한 동기부여가 된다. 하지만 만일 우리가 복음 안에 있는 신성한 지혜 및 그 영광을 알지 못한다면, 우리는 예배 의무를 준수할 만한 다른 가치를 떠올리지 못할 것이다. 복음은 신비이며, 신비로서 그 안에는 우리가 매일 살펴볼 만한 가치가 있는 위대하고 장엄한 것들이 있다. 우리는 새로운 경이로움을 주는 신선한 샘물을 발견하게 될 것이며, 이로 인해 신앙적인 놀라움으로 주를 경배하게 될 것이다. 그 샘물은 우리의 갈망을 불러일으키기도 하고 그 갈망을 충족시키기도 할 것이다.

누가 '육신으로 나타난 바 되신 하나님'의 깊은 곳에 도달할 수 있겠는가? 죄 많은 피조물의 영원한 행복을 위해 하나님의 아들이 죽는 것과, 반역자가 영광을 얻도록 그렇게 위대한 사람이 치욕을 당하는 것은 얼마나 놀라운 일이며, 누가 그런 말도 안 되는 계획을 조금이라도 할 수 있겠는가? 우리의 중보자가 그의 아버지와 언약을 맺을 수 있는 신성과 피조물을 위한 보증인이 될 수 있는 인성을 취해야 하는 것은 얼마나 놀라운 일인가! 타락한 피조물이 그의 행복을 희생시켜 구원을 얻는 것은 얼마나 감탄할 만한 일인가! 하나님의 아들이 하나님의 공의를 만족시키기 위해 십자가에서 죽기까지 낮아지시고 주의 공의가 채워지고 만족된 증거로 무덤에서 영광스럽게 부활하신 것은 얼마나 신비한 사건인가! 그분이 우리를 위한 중보자로 하늘로 높임을 받고 마침내 우리를 영접하기 위해 세상으로 돌아와서 자신의 영원한 영광으로 우리를 옷 입히신다니 얼마나 신비로운 일인가!

이 일들이 우리가 경솔하게 여기거나 아무런 느낌 없이 대할 수 있는 그런 일들인가? 그리스도의 성육신과 탄생, 그리고 두 본성의 불가분한 연합에 관한 한없이 깊은 신성한 교리를 누가 감히 꿰뚫어 이해할 수 있겠는가? 어떤 능력이 복음의 전체 설계와 그 계획에서 발견되는 무한한 지혜의 기적을 측정할 수 있겠는가? 그렇다면 복음은 우리가 매일 묵상할 충분한 가치가 있지 않은가? 그런데 어찌하여 우리는 그 경이로움에 대해 생각도 없고 호기심도 적은가! 왜 복음의 그 진미를 맛보려 하지 않거나 심지어 한 모금도 마시지 않으려 하는 것인가!

우리는 사소한 일로 바쁘게 지내면서 무엇을 먹을까, 어떤 옷을 입을까 고민한다. 우리는 아름답고 정교한 레이스나 깃털로 장식된 옷을 입고 기뻐한다. 좀먹은 원고나 반쯤 낡은 고대 유물을 보고 감탄한다. 그러나 하나님의 열심과 영원함이 부단히 표현된 말씀을 묵상하고 그 안에서 나타나는 그리스도를 축하하는 데는 우리의 시간을 아까워한다.

복된 천사들은 얼마나 호기심이 많은가! 그들은 얼마나 활기차게 매일 복음을 묵상하며 그것으로부터 새로운 만족을 얻는가? 그들은 여전히 배우고 여전히 살펴보기를 원한다(벧전 1:12)! 그들의 눈은 결코 속죄소에서 떠나지 않으며, 그 아래를 보려고 애쓰고, 그들이 가진 모든 이해력을 사용하여 그 경이로움을 느끼고자 한다. 하지만 속죄소는 우리를 위해 고안되고 세워진 것으로서 천사들과는 아무런 관계가 없다. 그럼에도 그들이 그것에 열광하고 그것을 연구하기 위해 몸을 굽히니, 이 숨겨진 보화를 찾기 위한 우리의 수고는 더 커야 하는 것이 마땅하지 않은가? 속죄소가 천사들이 살펴보고 연구하고 싶은 것이라면 이성적인 피조물인 우리는 그것을 마땅히 살펴보고 연구해야 하지 않겠는가?

참으로 숨겨진 보화를 찾아내려면 수고가 있어야 한다. 성경은 그 수고를 '찾아서 파내는 것'으로 표현한다(잠 2:4). 게으른 사람은 광산의 깊은 곳까지 내려가지 못한다. 그 보화는 하나님의 지혜라는 명칭과 성격을 지니고 있기 때문에 이에 대한 묵상을 소홀히 하는 것은 변명의 여지가 없다.

구약 선지자들이 그 지혜를 들여다보았을 때는 아직 그림자에 가려져 있어 그 끝자락만 볼 수 있었다(벧전 1:10). 그렇다면 태양이 지평선에 떠오른 이후에 사는 우리는 하나님의 완전함을 아는 빛을 이곳저곳에 더욱 분명하게 흩뜨려야 하지 않을까? 유대인의 안식일이 피조물 가운데서 발견된 하나님의 완전함을 축하하기 위해 제정되었다면, 그리스도인의 안식일은 구속에서 발견한 하나님의 완전함을 묵상하고 찬양하기 위해 제정되었다. 그러니 무한한 가치가 있는 복음을 받아들이고 우리 삶의 유일한 규칙으로 삼자.

복음은 다른 모든 권고보다 가장 소중히 여겨져야 마땅하다. 우리는 복음을 생각할 때 "홀로 하나이신 하나님께 우리 주 예수 그리스도로 말미암아 영광과 위엄과 권력과 권세가 영원 전부터 이제와 영원토록 있을지어다"(유 1:25)라는 사도의 송영을 떠올려야 한다. 그러할 때 기이함으로 가득한 복음에 대한 우리의 숙고는 사랑으로 가득한 찬탄과 감사로 마치게 될 것이다. 하나님의 지혜와 선하심이 이런 것들을 우리에게 계시하지 않았다면 우리는 하나님에 대해, 그리고 인간의 행복에 대해 얼마나 소망이 없었겠는가! 복음은 놀라운 빛이다. 우리는 그것에 대해 무지하거나 어리석어서는 안 되며 실천 없이 복음을 추구해서도 안 된다.[8]

---

8) Stephen Charnock, *The Existence and Attributes of God* (Grand Rapids, Mich.: Baker, 1997), 1:598-600.

10.
복음은 설교의 최고 주제이다

　우리는 복음을 가장 확실하게 믿고, 연구하고, 삶으로 보여야 한다. 하지만, 신약성경에서 가장 강조하는 것은 복음을 선포하는 일이다. 예수님은 그의 사역을 시작하실 때 "갈릴리에 오셔서 하나님의 복음을 전파"하셨다(막 1:14). 사역의 마지막에는 제자들에게 "너희는 온 천하에 다니며 만민에게 복음을 전파하라"(막 16:15)고 명령하셨다.

　사도행전에는 사도들과 초대 교회가 주님의 명령을 이해하고 순종한 증거들이 풍부하게 기록되어 있다. 설교는 그들의 가장 중요한 사역이었으며, 복음은 그들의 가장 중요한 주제였다. 그들은 말 그대로 "오로지 기도하는 일과 말씀 사역에" 전념했다(행 6:4). 그들은 여러 다른 문제에 직면했을 때도(행 6:1-4) 이 거룩한 임무에서 벗어나지 않았다. 복음 전파가 사람들의 법에 저촉되었을 때도 복음을 전했고(행 4:18-20) 그로 인해 채찍질을 당하고(행 5:20) 매를 맞고(행 16:22-23) 그 발이 차꼬에 채워지고(행 16:24) 쇠사슬에 매이고(행 12:6-7; 16:26; 21:33; 22:29; 26:29; 28:20), 돌로 맞고(행 7:58-60; 14:19), 그리고 칼에 맞아 죽었다(행 12:2).

복음 전파의 우선순위는 교회의 가장 저명한 선교사인 바울의 서신에서 더욱 뚜렷하게 드러난다. 바울이 가장 중요하게 전한 메시지는 바로 복음이었다(고전 15:3). 바울은 문화가 요구하는 것이 무엇이든, 사람들이 자신에게 필요하다고 생각하는 것이 무엇이든, 그런 요청에 굴하지 않고 하나님이 지시하신 유일한 치료법을 전했다. 그는 고린도 교회에 편지를 보내면서 "유대인은 표적을 구하고 헬라인은 지혜를 찾으나 우리는 십자가에 못 박힌 그리스도를 전하니 … 그리스도는 하나님의 능력이요 하나님의 지혜니라"(고전 1:22-23)고 썼다. 새뮤얼 데이비스는 다음과 같이 썼다.

"우리는 십자가에 못 박히신 그리스도를 전파한다!" 십자가에 못 박히심으로 마치는 그리스도의 끔찍한 고난, 그 필요성, 계획, 결과 그리고 그로 인해 죄 많은 세상을 위해 열린 구원의 길! 이런 것들이 우리 설교의 주요 소재다! 이런 것들을 인류에게 가르치는 것은 우리 사역의 위대한 목적이며, 지칠 줄 모르는 우리 삶의 수고다. 우리는 더 즐겁고 인기 있는 주제, 우리의 학문과 능력을 과시하기에 더 적합한 주제를 선택하기가 쉽다. 우리는 강한 추론가나 훌륭한 웅변가로 자신을 내세우기 쉽지만 십자가에 못 박히신 예수님의 사역자로서 우리의 사명은 오직 복음을 전하는 것이다. 사실 세상이 특별히 요구하는 것은 복음 전파다![1]

바울이 고린도 교회에 "내가 너희 중에서 예수 그리스도와 그가 십자가에 못 박히신 것 외에는 아무 것도 알지 아니하기로 작정하였음이라"(고전 2:2)고 선언할 정도로 바울의 설교 목록에서 복음의 중요성은 두드러졌다. 이는 바울이 그리스도인의 삶의 다른 문제들에 대해 설교하지 않았다는 뜻이 아니다. 다만 그는 복음의 메시지가 바로 교회가 기초로 삼고 세워지는 토대라고 보았다. 만일 복음에 대한 교회의 이해가 조금이라도 잘못된다면 교회 전체가 파멸에 이를 것이다(고전 3:9-11). 그러므로 복음은 바울의 마음에 보화였으며, 그의 모든 연구의 핵심이었고, 그의 설교의 위대한 주제였다.

---

1) Davies, *Sermons of Rev. Samuel Davies*, 1:621.

데이비스는 계속 다음과 같이 말한다.

복음 전파는 사도가 가끔 실천한 것도 아니고 망설이다가 성급하게 정한 목적도 아니었다. 사도는 복음에 대해 결심했다. "내가 너희 중에서 예수 그리스도와 그가 십자가에 못 박히신 것 외에는 아무 것도 알지 아니하기로 작정하였음이라"(고전 2:2). 말하자면, 이 주제는 그의 모든 생각을 사로잡았고, 그는 마치 다른 것은 아무것도 모르고 다른 것은 알 가치가 없는 것처럼 오직 그 주제에 몰두했다! 실제로 그는 이 주제에 비해 다른 모든 지식을 경시하고 경멸하는 태도를 공공연하게 드러냈다. "또한 모든 것을 해로 여김은 내 주 그리스도 예수를 아는 지식이 가장 고상하기 때문이라"(빌 3:8). 바울이 가장 큰 영광을 돌린 주제는 그리스도의 비하의 전 과정에서 가장 불명예스러운 십자가 사건이었다. 그는 그 외 다른 것에 영광을 돌리는 것에 치를 떨었다. "그러나 내게는 우리 주 예수 그리스도의 십자가 외에 결코 자랑할 것이 없으니"(갈 6:14). 요컨대, 그는 지칠 줄 모르고 그리스도의 십자가를 전하는 설교자가 되기 위해 항상 공부하는 학생이 되었으며, 그리스도인으로서 그리고 사도로서 십자가를 절대적인 목표로 삼았다.[2]

---

2) Davies, *Sermons of Rev. Samuel Davies*, 1:621-22.

마틴 로이드 존스도 그리스도의 십자가 사역에 대해 설교하는 것이 얼마나 중요한지 가르쳤다.

십자가를 설교하는 것, 주 예수 그리스도의 십자가 죽음을 설교하는 것은 기독교 복음과 기독교 메시지의 핵심이자 중심이다. 당신은 사도 바울이 갈라디아서 6장 14절에서 말한 것과 그가 유일한 자랑으로 십자가를 삼은 것을 통해 당연히 그가 십자가를 필연적으로 설교했으리라고 추론할 수 있다. 중심적인 것, 다른 모든 것보다 가장 중요한 것, 그리고 그가 가려내 뽑은 것은 십자가, 즉 우리 주 예수 그리스도의 십자가 죽음이다. … 주 예수 그리스도의 도덕적인 교훈만 설교한다면 당신은 인류의 문제를 해결하지 못할 뿐만 아니라 어떤 면에서는 그 문제를 악화시킬 수도 있다. 그 이유는 아무도 그리스도의 도덕적인 교훈을 실천할 수 없는데 당신은 정죄밖에 될 수 없는 설교를 하고 있기 때문이다. 그러므로 사도들은 도덕적인 교훈을 설교하지 않았다.

바울은 "하나님은 내가 예수님의 윤리적인 가르침 외에 다른 것을 자랑하는 것을 금하셨다"라고 말하지 않는다. 그는 그렇게 말하지 않는다. 그의 자랑은 그리스도의 가르침이나 그리스도의 모범이 아니었다. 물론 사도들은 윤리적 교훈도 종종 설교했다. 그들은 이렇게 말했다. "기독교의 메시지는 무엇인가? 그리스도를 본

받는 것이다. 복음서를 읽고 그분이 어떻게 사셨는지 보라." 나는 다시 한번 말하지만 그것은 기독교 메시지의 중심 또는 핵심이 아니다. 그것은 결과로 나타나는 것일뿐, 시작 지점에 있지 않다. 그것은 처음 부분이 아니며, 사도들이 처음부터 설교한 것도 아니다. 그들이 전한 것은 우리 주님의 모범적인 삶이 아니다. 그들이 설교한 것은 주님의 십자가 죽음과 그 사건의 의미였다.[3]

오 동료 신자들이여, 복음은 우리에게 맡겨진 기독교 신앙의 위대한 보화이다(고후 4:7; 딤후 1:14). 우리는 그 끝없는 아름다움과 능력을 탐구하는 데 헌신해야 하며, 가장 위대하고 중대한 청지기의 직분을 맡은 자로서 복음을 전파해야 한다. 바울은 순교 직전 디모데에게 짧게 선언한다. "하나님 앞과 살아 있는 자와 죽은 자를 심판하실 그리스도 예수 앞에서 그가 나타나실 것과 그의 나라를 두고 엄히 명하노니 너는 말씀을 전파하라"(딤후 4:1-2). "이 복음은 모든 믿는 자에게 구원을 주시는 하나님의 능력이 됨이라 먼저는 유대인에게요 그리고 헬라인에게로다"(롬 1:16). 그러하기에 이 세상이 가장 필요로 하는 것은 예수 그리스도의 복음을 전파하는 것이다. 교회에 가장 필요한 것은 예수 그리스도의 복음을 지속적으

---

3) David Martyn Lloyd-Jones, *The Cross: God's Way of Salvation* (Wheaton, Ill.: Crossway, 1986), 18-19, 20-21.

로, 그리고 더욱 깊이 설명하고 적용하는 것이다. 이는 복음이 "경건의 비밀"(딤전 3:16)로서 참된 경건을 가져다주는 위대한 계시이기 때문이다.

사도 바울은 고린도에 교회를 설립했다. 그럼에도 불구하고 그는 고린도 교회에 보낸 첫 번째 편지에서 "내가 너희에게 전한 복음을 너희에게 알게 하노니 이는 너희가 받은 것이요 또 그 가운데 선 것이라"(고전 15:1)라고 썼다. 바울의 끊임없는 바람은 교회가 그리스도를 더욱 굳게 믿고 그의 형상을 닮아 성장하도록 복음의 측량할 수 없는 풍성함을 가르치는 것이었다. 구원 및 그리스도인의 삶은 복음을 떠나서 제대로 이해되거나 설명될 수 없다. 그러므로 우리는 복음을 끝없이 탐구하고 그 진리를 가장 충실하게 선포하는 데 헌신해야 한다. 리차드 십스의 글을 마음에 새기라.

설교의 대상은 특히 예수 그리스도다. 그리스도는 교회가 서는 반석이시다. 그리스도는 우리가 그분의 본성, 직분, 유익을 가르치는 데 있어서 우리의 주제여야 한다. 우리가 그분께 빚진 의무, 우리가 그로부터 모든 것을 받는 도구인 믿음에 관해 가르칠 때도 그리스도는 우리의 주제여야 한다.

우리가 사람들의 부패를 드러내기 위해 율법을 가르치는 것은 복음이 그들의 영혼에 자유롭게 들어갈 길을 열어 주기 위해서다. 우리가 거룩한 의무를 강조하는 것은 당신이 주 예수님께 합당하게 행하도록 하기 위해서다. 모든 가르침은 그리스도의 복음으로 돌아가게 하는데 이는 세례 요한이 그랬던 것처럼 모든 교만한 생각을 무너지게 하여 그에게 굴복하게 하거나, 또는 그로부터 받은 은혜에 합당하게 행하도록 하기 위해서다.

생명의 떡은 찢겨야 하고, 희생 제물은 해부되어 펼쳐져야 한다. 그리스도의 풍성함, 심지어 그의 "측량할 수 없는 풍성함"(참조. 엡 3:8)은 펼쳐져야 한다. '하나님의 아들'은 모든 사람에게 전파되어야 한다. 그러므로 그리스도로 말미암아 구원받도록 정하신 하나님께서는 주 예수님을 드러내도록 설교를 정하시고 그 안에서 하늘의 보화인 그분의 은혜와 영광을 부어주신다.[4]

---

4) Richard Sibbes, *The Works of Richard Sibbes, D.D.* (Edinburgh: Banner of Truth, 2017), 4:115-16.

11.
복음은 가장 영광스러운 주제이다

복음과 십자가는 그리스도인이 가장 탁월하게 자랑해야 하는 주제다. '가장 탁월한'(preeminent)이라는 단어도 약하다. 십자가는 훨씬 더 그 이상이다. 십자가는 그리스도인이 자랑할 수 있는 유일한 것이다. 이에 사도 바울은 갈라디아서 6장 14절에서 "그러나 내게는 우리 주 예수 그리스도의 십자가 외에 결코 자랑할 것이 없으니 그리스도로 말미암아 세상이 나를 대하여 십자가에 못 박히고 내가 또한 세상을 대하여 그러하니라"라고 고백했다.

이 구절에서 '자랑'(boast)이라는 단어는 헬라어 동사 '카우카오마이'(kaucháomai)에서 유래한 것인데 그 뜻은 '영광, 환희, 자랑, 찬사'

를 의미한다. 요하네스 로우와 유진 니다는 이 단어가 "누군가 또는 어떤 것에 대해 매우 예외적인 주목할 만한 것이 있어서 그 사람 또는 그것에 대해 전에 없는 높은 수준의 신뢰를 표현하는 것"을 의미한다고 설명한다.[1] 따라서 우리 주 예수 그리스도의 십자가에 영광을 돌리는 것은 그분의 대속적이고 속죄적인 죽음을 우리의 확신과 자랑으로 삼는 것이다. 즉, 그리스도의 십자가를 우리의 구원을 위한 유일한 소망이자 우리가 선포해야 할 숭고한 주제로 삼는 것이다. 그것은 십자가에 못 박히신 그리스도께서 "하나님으로부터 나와서 우리에게 지혜와 의로움과 거룩함과 구원함이 되셨음"(고전 1:30)을 믿고 그분을 신뢰하는 것이고 그분을 "우리 속에 있는 소망에 관한 이유"(참조. 벧전 3:15)로 선포하는 것이다.

이에 대해 존 라일은 다음과 같이 썼다.

그리스도의 속죄의 죽음을 아무리 중요하게 강조해도 지나칠 수 없다. 그것은 하나님의 말씀 중 우리 영혼의 눈이 항상 고정되어야 할 주도적인 사건이다. 그의 피 흘림 없이는 죄 사함도 없다. 이것은 기독교의 모든 체계가 달려 있는 핵심 진리다. 그것이 없다면 복음은 쐐기돌이 없는 아치(arch)이고 토대 없는 멋진 건물이며 태

---

1) Johannes P. Louw and Eugene A. Nida, *Greek-English Lexicon of the New Testament: Based on Semantic Domains* (New York: United Bible Societies, 1989), 1:431.

양이 없는 태양계와 같다. 우리 주님의 성육신과 모범, 그분의 기적과 비유, 그분의 행적과 말씀도 중요하지만 무엇보다도 그분의 죽음을 가장 중요시하자. 그분의 재림과 천년 통치에 대한 소망으로 기뻐하되, 이러한 복된 진리들이라도 십자가의 속죄보다 더 많이 생각하지 말자. 결국 "그리스도께서 우리의 죄를 위해 죽으셨다"라는 사실은 성경의 가장 중요한 진리다. 매일 십자가의 속죄로 돌아가자. 매일 이 진리로 우리의 영혼을 공급하자. 과거의 헬라인들처럼 어떤 이들은 이 교리를 비웃으며 '어리석다'고 말할지 모른다. 그러나 우리는 바울처럼 "내게는 우리 주 예수 그리스도의 십자가 외에 결코 자랑할 것이 없다"고 말하는 것을 결코 부끄러워하지 말자.[2]

갈라디아서 6장 14절에서 사도 바울은 무언가를 십자가보다 위에 두거나 십자가와 동등한 위치에 두는 것에 대해 "결코 없으니"(헬라어로 *emoì dè mē génoito*)라는 가장 강력한 언어를 사용하여 거부감과 혐오감을 표현했다. 바울은 로마서 6장 1-2절에서도 신자가 은혜를 더 드러내기 위해 자신을 죄에 내주어야 한다는 의견에 이와 비슷한 문구를 사용하여 극한 혐오감을 표현했다. "은

---

[2] J. C. Ryle, *Expository Thoughts on Matthew* (Carlisle, Pa.: Banner of Truth, 2015), 347.

혜를 더하게 하려고 죄에 거하겠느냐 그럴 수 없느니라." 흠정역 (KJV)은 이 구절이 담은 강한 부정의 힘을 전달하기 위해 마치 바울이 십자가에는 어떤 경쟁 상대가 있을 수 없다는 사실을 하나님을 증인으로 불러 맹세하시도록 한 것처럼 '하나님이 금하신다'(God forbid!)라고 번역했다. 흠정역은 또한 헬라어 전치사 '에이 메'(*ei mē*; 만약 ~이 아니라면)를 영어 동사 '익셉트'(except; 그 외에는)로 번역함으로써 그리스도인의 삶에서 십자가가 가장 으뜸 됨을 더욱 강조했다. 십자가는 여러 진리 중 하나의 진리나 주제가 아니라 모든 진리보다 으뜸 되는 진리다. 로이드 존스는 다음과 같이 말했다.

그리스도인은 십자가를 자랑할 뿐만 아니라 십자가만을 자랑해야 한다. 그는 다른 어떤 것도 자랑하지 않는다. 아이작 와츠(Isaac Watts)의 말을 들어 보라.

"주여, 내가 자랑하는 것을 금하옵소서. 나의 하나님이신 그리스도의 죽음만 자랑하게 하소서."

십자가에는 배타성이 있는데, 이는 그리스도인에게는 십자가가 역사상 가장 중요한 사건임을 뜻하며 지금까지 일어난 사건 가운데 가장 중요한 사건이라는 것을 의미한다. 신자에게는 십자가에 비교될 수 있는 그 어떤 사건도 있을 수 없다. 그는 십자가에 그의 모든 것을 의지한다. 즉, 십자가는 그에게 모든 것이다. 그가 현재의 그가 된 것은 오직 십자가 덕분이다. 그러므로 그는 십자가를 자랑한다.[3]

매튜 헨리도 십자가의 탁월함에 대해 이야기한다.

십자가는 유대인에게는 거리끼는 것이요 헬라인에게는 미련한 것이었다. 손할례당(할례 의식을 구원의 조건으로 가르쳤던 교사들)은 기독교를 받아들였음에도 불구하고 십자가를 부끄러워하며 유대인들의 관습을 따랐다. 그들은 유대교로부터의 박해를 피하고자 구원의 조건으로 그리스도에 대한 믿음뿐만 아니라 모세의 율법을 준수하는 것도 필요하다고 주장했다. 그러나 바울은 십자가에 대해 매우 다른 견해를 가지고 있었다. 그는 그리스도의 십자가를 불쾌하게 여기거나 부끄러워하지 않았으며 오히려 십자가를 자랑하며 고백했다. 그렇다. 그는 십자가 외에 다른 어떤 것도 자랑하지 않았다. 그는 십자가를 지극히 존중했으며 그에 맞먹는 무엇도 '결코 그럴

---

3) Lloyd-Jones, *Cross*, 54-55.

수 없다'라는 극도의 혐오감으로 거절했다. 십자가는 진정한 그리스도인이 된 그에게 모든 소망의 근거였고 사도로서 그가 전파하기로 작정한 중심 교리였다.[4]

찰스 스펄전은 물었다.

"바울은 왜 십자가를 자랑했을까?" 그는 다른 주제가 없어서 그렇게 한 것이 아니다. 내가 당신에게 알려 주었듯이 그는 자랑할 것이 많았다. 하지만 그는 엄숙함과 신중함으로 십자가만을 자랑하기로 작정했다. 그는 철저하게 따져 보았고 독수리의 눈으로 모든 주제를 조사했다. 그 후 그는 자신이 무엇을 하고 있는지 그리고 왜 그렇게 하는지를 알았다. 그는 논리적인 사고의 달인이었다. 형이상학자로서 그를 능가할 사람이 없었고, 논리적 사상가로도 그를 뛰어넘을 자가 없었다. 그는 초기 기독교 교회에서 거의 독보적인 탁월한 학자였다. 더 시적이거나 더 수수한 사람도 있었지만, 그보다 더 생각이 깊고 논증적인 사람은 없었다. 바울은 결단력과 확고함으로 다른 모든 것을 제쳐두고 평생 "나는 십자가를 자랑한다"라고 분명하게 선언한다. 그는 "내게는 우리 주 예수 그리스도

---

4) Henry, *Matthew Henry's Commentary*, 6:682-83.

의 십자가 외에 결코 자랑할 것이 없다"라고 말한다. 다른 많은 귀 중한 것들이 있지만 그는 십자가만 남겨 놓고 다른 모든 것은 구석 으로 치워 놓는다. 그는 위대한 성경적 교리와 유익하고 경건한 의 식조차도 그의 요점으로 삼지 않을 것이다. 오직, 십자가가 전면에 있다. 십자가라는 별자리는 바울의 하늘에서 가장 중요하다. 아마 도 그는 십자가의 속량 외에 다른 모든 자랑할 만한 것을 포기하겠 다고 하나님 앞에서 맹세하며 이렇게 고백했을 것이다.

"주여, 나의 하나님이신 그리스도의 죽음 외에 아무것도 자랑하지 않으렵니다. 나를 가장 매혹시키는 모든 헛된 것들을 그리스도의 보혈을 위해 희생 제물로 바칩니다."

그는 그리스도의 십자가에 영광을 돌리는 것 외에 아무런 삶의 목 적이 없었음을 하나님과 사람 앞에서 고백했다.[5]

바울이 그리스도의 십자가 외에 다른 아무것도 자랑하지 않겠 다고 선언했을 때, 그는 성경의 나머지 부분을 평가 절하한 것이 아니다. 오히려 그는 성경의 위대한 목적을 확증했다. 이 사실을

---

5) Spurgeon, *Metropolitan Tabernacle Pulpit*, 31:497.

기억하는 것이 중요하다. 요한복음 5장 39절을 보면, 예수님은 유대인들에게 "너희가 성경에서 영생을 얻는 줄 생각하고 성경을 연구하거니와 이 성경이 곧 내게 대하여 증언하는 것이니라"고 선언하셨다. 성경 전체가 십자가에서 속량하신 구주를 우리 구원의 원천으로 가리킨다.

십자가가 없다면 성경 전체는 단지 우리를 정죄할 뿐이다. 누가 하나님의 율법을 완전하게 순종할 수 있는가? 누가 그 계율을 따르거나 그 지혜를 고수할 수 있겠는가? 누가 그리스도의 삶을 모방함으로 구원을 얻을 수 있겠는가? 성경은 "아무도 없다!"라고 선언한다. 시편 기자는 "여호와여 주께서 죄악을 지켜보실진대 주여 누가 서리이까"(시 130:3)라고 썼다. 또한 "주의 종에게 심판을 행하지 마소서 주의 눈 앞에는 의로운 인생이 하나도 없나이다"(시 143:2)라고도 썼다. 지혜로운 솔로몬은 "선을 행하고 전혀 죄를 범하지 아니하는 의인은 세상에 없다"(전 7:20)고 탄식했다. 사도 바울은 "모든 사람이 죄를 범하였으매 하나님의 영광에 이르지 못하더니"(롬 3:23)라고 결론지었다.

그러므로 우리가 구원을 얻는 것은 율법에 대한 순종, 그리스도를 본받는 것, 금욕을 실천하는 것, 하나님께 보여 드리는 헌신이 아니다. 우리의 구원은 하나님께서 그분의 사랑하는 아들의 십자가를 통해 우리를 대신하여 성취하신 속량에서 찾을 수 있다.

로이드 존스는 다음과 같이 썼다.

사도는 "내게는 우리 주 예수 그리스도의 산상수훈과 가르침 외에 결코 자랑할 것이 없다"라고 말하지 않는다. 그리스도의 교훈은 바리새인을 포함한 모든 사람을 정죄하며 모든 사람이 완전하고 철저하게 무너진 가망 없는 실패자라는 사실을 보여 준다. 그러므로 당신은 교훈을 자랑하지 않는다. 그렇다. 바울은 십자가를 통해 그리고 십자가로부터 모든 것이 가능하고 그리스도인의 삶의 모든 축복이 우리 앞에 펼쳐지기 때문에 십자가를 자랑한다. 십자가는 모든 축복으로 인도하는 문이다. 십자가 없이는 아무것도 없다. 십자가와 그것이 의미하는 모든 것이 없다면 우리는 하나님의 복을 전혀 받을 수 없다. 그러나 십자가는 영광스러운 하나님의 한없는 복을 얻도록 하늘 문을 열어 준다.[6]

그리스도를 믿는다고 고백하는 독자들이여! 당신은 바울이 십자가를 의지하는 것을 이해하는가? 당신은 오직 단 한 번의 십자가 사건만을 자랑하겠다는 바울의 다짐에 공감하는가? 당신은 십자가가 당신의 의로움과 거룩함과 구원함의 유일한 근원이라고

---

6) Lloyd-Jones, *Cross*, 177-78.

믿는가(고전 1:30)? 우리는 참된 그리스도인의 표는 "그리스도 예수로 자랑하고 육체를 신뢰하지 아니하는 것"임을 항상 기억해야 한다. 당신은 참 신자인가? 로이드 존스는 계속 언급한다.

> 그리스도인은 십자가를 자랑하는 사람이다. 만일 십자가가 당신의 중심에 있지 않다면 당신은 그리스도인이 아니다. 당신이 예수님과 그의 가르침을 귀하게 여긴다고 말할지라도 그것이 당신을 그리스도인으로 만드는 것은 아니다. 당신은 예수님과 그의 가르침을 귀하게 여기면서도 이슬람 교도가 될 수 있다. 여전히 도덕주의자로 남을 수 있다. 그렇다. 십자가는 생명이고 십자가는 중심이다. 모든 것이 십자가에서 나온다.[7]

사랑하는 친구여! 이보다 더 중요한 질문은 결코 없을 것이다. 십자가가 당신에게 무엇을 의미하는가? 십자가를 마주하고 생각할 때 당신은 어떤 반응을 하는가? 둘 중 하나일 것이다. 십자가를 불쾌하게 여기거나 혹은 자랑할 것이다. 당신의 위치를 분명히 아는가? 당신이 어디에 서 있는지 정확히 아는가? 어떤 사람은 "반드시 불쾌하다고는 할 수 없지만 내게 자랑이라고는 할 수 없습니다"라

---

[7] Lloyd-Jones, *Cross*, 199.

고 말할 것이다. 아, 친구여, 그런 입장은 있을 수 없다. 불쾌하거나 자랑하거나 둘 중 한 가지 입장만 가능하다.[8]

성령의 감동으로 기록된 성경과 모든 참된 그리스도인의 공통된 고백에 따라 우리는 오직 그리스도의 십자가만을 자랑해야 한다. 십자가는 우리의 신학과 신앙과 선포에 있어서 알파와 오메가이며 중심 단어가 되어야 한다. 이에 대해서는 의심 및 논쟁의 여지가 없다. 하지만 우리는 진정으로 그리스도와 그의 십자가로만 자랑하는 것이 분명한가? 이 문제에 있어서 자기기만을 피하려면 어떻게 해야 할까? 이 질문에 대한 대답으로 찰스 스펄전은 이렇게 썼다.

우리가 그리스도의 십자가를 자랑한다면 어떻게 그것을 증명할 수 있는가?

우리는 십자가를 신뢰함으로 증명해야 한다. 우리의 유일한 신뢰는 속죄여야 한다. 그렇지 않다면 우리가 십자가를 자랑한다는 말은 헛된 것이다. 다음으로 우리는 다른 사람들이 배격하는 이 교리를 굳게 붙잡음으로써 이 사실을 증명해야 한다. 우리는 다른 사람들

---

8) Lloyd-Jones, *Cross*, 41.

이 뭐라고 하든 그리스도의 대속 교리에 확신을 가져야 한다.

우리는 최선을 다해 십자가를 전파함으로 이 사실을 증명해야 한다. 우리는 믿는 자마다 영생을 얻는다는 좋은 소식을 다른 사람들에게 전하기 위해 최선의 노력을 해야 한다. 특히 복음의 사역자로 부름 받은 사람들은 십자가를 위해 고난 받을 준비가 된 것으로 십자가를 자랑한다는 사실을 증명할 수 있다. 사역자로 부름 받은 사람에게는 저 멀리 보이는 세인트 폴 대성당의 돔을 예로 들 수 있을 것이다. 거기서 당신은 지구 위에 서 있는 십자가를 본다. 이제부터 당신은 모든 면에서 세상 위에 십자가를 두어야 한다. 돈이나 사람의 박수를 받기 위해서가 아니라, 예수님을 전파하여 영혼을 얻으려는 마음이야말로 당신이 십자가를 자랑한다는 증거가 될 것이다.

그러나 당신이 십자가를 자랑하는 것을 증명하는 가장 주된 방법은 끊임없이 십자가를 설교하는 것이다. 사역자가 되려는 젊은이에게 이보다 더 유익한 말이 어디 있겠는가? 십자가를 계속 전하라. 십자가를 전하라! 항상 예수 그리스도를 전파하라! 항상 예수 그리스도를 전파하라! 나는 십자가를 믿음으로 구원을 얻는 교리가 빠진 설교는 있어서는 안 된다고 생각한다. 내게는 예수님을 믿고 행하는 삶이 없는 설교는 단 하나도 없다. 오! 우리의 혀가 예수님에 대해서만 말하기를 바란다! 오! 우리가 러더퍼드(Rutherford)처럼 된다면 얼마나 좋을까! 그는 다른 모든 주제에 대해서는 갈라지는 쇳소리를 내지만, 그리스도에 대해 말하기 시작하면 그 작은 사람이 키가 커지고 목소리가 충만해져서 그의 청중 중 한 명인 공작이 "자, 이제야 제대로 음을 잡았군!"이라고 외치곤 했다. 오! 확실히 십자가는 예수 그리스도의 가장 놀라운 사랑을 전하는 주제이며 벙어리들을 고무시키고 죽은 자들을 일어나게 하는 주제다.[9]

나는 십자가를 우리 신학의 맨 앞과 중심에 두는 것뿐만 아니라 평생 십자가를 연구하고 묵상하고 설교하는 일에 헌신할 것을 강력하고 진지하게 권고하면서 이 장을 마무리하고자 한다. 십자가는 하나님의 최고의 계시이며, 구원과 성화의 으뜸 되는 메시지이고, 최고의 연구 주제이며, 모든 설교의 가장 중요한 주제다. 독자들이 시간과 지성과 힘을 쏟을 수 있는 중요하고 훌륭한 주제들이 많이 있지만, 무엇보다도 갈보리라는 주제가 가장 중요하다! 로이드 존스 역시 진심으로 이에 동의한다.

십자가를 다시 바라보자. 또 다시 십자가를 조사하자. 내 친구여, 사도 바울과 같은 사람이 십자가를 자랑한다면 당신도 십자가가

---

9) Spurgeon, *Metropolitan Tabernacle Pulpit*, 61:140-41.

온 우주에서 가장 크고 가장 깊고 가장 심오한 것임을 확신할 수 있다.

십자가를 무심코 바라보는 것만으로는 충분하지 않다. 모든 세기의 성도들은 십자가를 조사하고 바라보고, 응시하고, 묵상해 왔다. 그들은 십자가를 바라볼수록 그 안에서 더 많은 것을 보게 되었다. 찬송가 작사자들도 같은 일을 해 왔다. 그리스도의 십자가는 영어로 쓰인 가장 장엄한 시를 만들어 냈다. 그러나 작사자들은 십자가를 바라보고, 관찰한 다음 "오 그래, 예수님은 죽으셨고, 평화주의자였구나"라고 하며 무관심하게 넘어가지 않았다. 몇몇 그리스도인이나 복음주의자처럼 "오 그래, 나는 십자가를 믿어. 나는 그리스도께서 나를 위해 죽으신 사실을 믿어"라고 말하지만 곧바로 잊는 그런 신자들도 아니었다.

오, 친애하는 나의 친구여, 십자가가 당신에게 이 정도만 영향을 미친다면 당신은 십자가를 보지 못한 것이다. 멈춰 서서 바라보고, 조사하고, 다른 모든 것을 한쪽으로 치우고 십자가를 응시하라. 당신이 이 영광스러운 십자가에서 토마스 칼라일(Thomas Carlisle)이 묘사한 "무한함과 광대함"을 볼 때까지 십자가를 바라보는 것을 멈추지 말라.[10]

---

10) Lloyd-Jones, *Cross*, 64-65.

윌리엄 로메인은 또한 우리를 위한 구속자의 희생에 영광을 돌렸다.

우리는 그리스도께서 죽기까지 사랑하신 사랑을 항상 마음에 새겨야 한다. 우리는 그 사랑을 붙들고 우리의 마음을 따뜻하게 해야 하고 우리의 혀에 그 사랑이 항상 있게 해야 한다. 십자가에서 당하신 그의 고통은 우리가 나누어야 할 끊임없는 주제다. "그러나 내게는 우리 주 예수 그리스도의 십자가 외에 결코 자랑할 것이 없으니"(갈 6:14). 우리는 십자가를 자랑하며, 오직 십자가만 자랑한다. 죽임 당하시고 그의 피로 우리를 사서 하나님께 바치신 구속하신 예수님을 우리의 목소리와 모든 악기로, 그러나 무엇보다도 우리 마음의 멜로디로 찬양하기 위해 노력해야 한다.[11]

---

11) William Romaine, *Essay on Psalmody* (London, 1775).

12.
복음을 소홀히 하는 것의 위험성

예수 그리스도의 복음이 지닌 고유한 속성과 우리에게 주어진 엄숙한 청지기 직분을 고려할 때, 이 책의 끝에서 한 가지 경고를 하는 것이 마땅하다. 우리는 복음의 놀라움을 연구하는 일과 복음의 진리를 선포하는 일에 무관심하거나 소홀해지기를 경계해야 한다. 히브리서 2장 1-3절은 이렇게 경고한다. "그러므로 우리는 들은 것에 더욱 유념함으로 우리가 흘러 떠내려가지 않도록 함이 마땅하니라 천사들을 통하여 하신 말씀이 견고하게 되어 모든 범죄함과 순종하지 아니함이 공정한 보응을 받았거든 우리가 이같이 큰 구원을 등한히 여기면 어찌 그 보응을 피하리요?"

히브리서 후반부를 보면 성령께서 더욱 강력하게 말씀하시는 것을 볼 수 있다. "모세의 법을 폐한 자도 두세 증인으로 말미암아 불쌍히 여김을 받지 못하고 죽었거든 하물며 하나님의 아들을 짓밟고 자기를 거룩하게 한 언약의 피를 부정한 것으로 여기고 은혜의 성령을 욕되게 하는 자가 당연히 받을 형벌은 얼마나 더 무겁겠느냐 너희는 생각하라"(히 10:28-29).

히브리서 저자는 그 서신과 직접 관련된 맥락, 즉 복음을 거부하는 것이 고착화되고 만성화된 배교에 대해 경고한다. 그럼에도 불구하고 이 경고는 모든 형태의 무관심이나 태만에 어느 정도 적용될 수 있다. 올바른 신학은 필수적이지만 그것만으로는 충분하지 않다. 우리는 그리스도에 대한 첫사랑과 그분의 복음에 대한 처음의 감사를 잃지 않도록 끊임없이 경계해야 한다. 에베소 교회에 대한 그리스도의 경고는 고통스럽지만 도움이 되는 교훈이다. "그러나 너를 책망할 것이 있나니 너의 처음 사랑을 버렸느니라 그러므로 어디서 떨어졌는지를 생각하고 회개하여 처음 행위를 가지라 만일 그리하지 아니하고 회개하지 아니하면 내가 네게 가서 네 촛대를 그 자리에서 옮기리라"(계 2:4-5).

진정한 그리스도인, 즉 진정으로 거듭난 마음은 그리스도와 그의 복음에 대한 강한 애착을 갖는다. 그러나 아무리 성화된 그리스도인이라 할지라도 여전히 타락한 육체의 성향이 남아 있어서

마귀의 유혹을 받을 수 있다. 마귀는 신자의 관심과 애착을 복음이 아닌 더 작은 사소한 것들로 돌리기 위해 끊임없이 노력한다. 바울은 다른 예수를 전하는 자들에게 미혹된 고린도 신자들에게 "뱀이 그 간계로 하와를 미혹한 것 같이 너희 마음이 그리스도를 향하는 진실함과 깨끗함에서 떠나 부패할까 두려워하노라"(고후 11:3)라고 서신을 썼다. 그는 복음에서 멀어지기 시작한 갈라디아의 신자들에게 "어리석도다 갈라디아 사람들아 예수 그리스도께서 십자가에 못 박히신 것이 너희 눈 앞에 밝히 보이거늘 누가 너희를 꾀더냐"(갈 3:1)라고 썼다. 그는 거짓 교사들의 미혹에 빠진 골로새 교회 신자들에게 "누가 철학과 헛된 속임수로 너희를 사로잡을까 주의하라 이것은 사람의 전통과 세상의 초등학문을 따름이요 그리스도를 따름이 아니니라"(골 2:8)라고 경고했다.

독자들이여! 당신은 복음으로부터 당신의 관심을 돌리려는 이단들에 대해 항상 경계해야 한다. 그러나 선하고 성경적이지만 복음을 대체할 수 없는 것들에 대해서는 더 큰 주의를 기울여야 한다. 그것들은 복음을 가리키거나 복음에서 흘러나오는 것일 수 있다. 그러나 복음은 아니며 탁월함에 있어서 복음과 동등하지 않다. 바울은 "율법은 거룩하고 계명도 거룩하고 의로우며 선하도다"(롬 7:12)라고 썼다. 그럼에도 불구하고 율법은 그림자이지 실체가 아니다. 율법은 구원하지 못한다. 율법의 기능은 구주를 가리키는 것이다. 결혼과 가정은 하나님께서 제정하신 것이며 하나님의 은혜를 훌륭하게 드러낸다. 그럼에도 불구하고 그것들이 기독교의 중심은 아니다. 윤리, 미덕, 도덕은 그리스도인의 삶에서 대단히 중요한 문제이며 복음의 능력에 대한 큰 증거가 될 수 있지만, 그것들이 복음보다 우선되거나 심지어 복음과 동등한 지위를 갖는다면 대단히 위험한 일이 된다.

마지막으로, 하나님께서 그분의 백성에게 주시는 셀 수 없이 많은 현세적 은사들을 감사함으로 받아야 한다. 그러나 그것들 중 가장 위대한 것이라도 하나님의 독생자에 비하면 먼지에 불과하다. 천 개의 세상을 선물로 받더라도 그리스도에 비하면 그 선물은 쓰레기에 불과하다. 이런 이유로 존 플라벨은 "땅의 먼지가 네 눈에 들어가서 눈을 멀게 하여 그리스도의 아름다움과 필요성을 보지 못하는 일이 없도록 조심하라"고 경고했다.[1]

지금까지 우리가 읽은 모든 내용은 다음의 매우 실제적인 질문으로 이어진다.

"어떻게 복음에 대한 소홀함을 피하고 복음에 대한 감사와 헌신을 키울 수 있을까?"

그 답은 여러 가지로 나뉜다.

---

1) Flavel, *Works of John Flavel*, 1:26.

이 주제의 위대함을 배우라

우리가 복음을 언급할 때, 우리는 성경의 한 주제에 주목하는 것이 아니라 성경의 '그' 주제, 감히 말하건대 하나님의 생각 속에서 으뜸이 되는 생각에 주목해야 한다. 많은 옛 성도들은 성경에서 가장 하찮은 것도 금이라고 말했다. 그렇다면 성경의 가장 큰 보물은 얼마나 더 귀한가? 우리는 헷갈려서는 안 된다. 가치에 있어서 복음에 필적할 만한 것은 없고, 복음의 지혜에 필적할 만한 것도 없으며, 복음의 아름다움에 비할 만한 것도 없다. 지혜에 대한 현자의 설명을 빌려서 말하면 "이는 지혜를 얻는 것이 은을 얻는 것보다 낫고 그 이익이 정금보다 나음이니라 지혜는 진주보다 귀하니 네가 사모하는 모든 것으로도 이에 비교할 수 없도다"(잠 3:14-15). 윌리엄 베이츠는 이렇게 썼다.

복음의 교리는 그 목적의 탁월함과 그것을 얻기 위한 수단의 효능에 있어서 모든 실용 과학을 능가한다. 복음의 목적은 인간의 최고 행복이다. 즉, 인간을 처음 상태의 순수함과 뛰어남으로 회복시키는 것이다. 그리고 복음의 수단은 무한한 지혜에 의해 정해진 것으로서 가장 극복할 수 없는 장애물을 제거한다. 그 수단은 바로 타락한 인간 안에 있는 강하고 완고한 반감 및 죄인들을 정죄하는 하나님의 정의다. … 자, 중보자가 나타나셨다. 그분은 '극한 죄인도

구원하실 수 있는' 분이다. 그분은 그의 거룩한 희생의 피로 하나님의 진노를 소멸하셨고, 그의 죽음의 가치로 대속하셨으며, 그의 생명의 덕(virtue)으로 영혼을 정결케 하셔서, 그 영혼의 구원에 합하게 하셨다. 하나님의 능력이 아니라면 이 일을 수행할 수 없다. 그러므로 복음의 지식은 지극히 뛰어나며 그 지식이 없으면 다른 모든 지식은 무익하다. 오직 복음의 지식만이 우리를 온전히 복되게 할 수 있다. "영생은 곧 유일하신 참 하나님과 그가 보내신 자 예수 그리스도를 아는 것이니이다"(요 17:3).[2]

더 큰 마음으로부터 도전을 받으라

기독교는 '외로운 늑대' 종교가 아니다. 성경은 우리가 믿음에 굳건히 서고 은혜 안에서 성장하기 위해 서로가 필요하다고 단호하게 말한다. 잠언 27장 17절은 "철이 철을 날카롭게 하는 것 같이 사람이 그의 친구의 얼굴을 빛나게 하느니라"고 선언한다. 히브리서 기자는 더 분명하게 말한다. "또 약속하신 이는 미쁘시니 우리가 믿는 도리의 소망을 움직이지 말며 굳게 잡고 서로 돌아보아 사랑과 선행을 격려하며 모이기를 폐하는 어떤 사람들의 습관

---

[2] Bates, *Harmony of the Divine Attributes*, 105.

과 같이 하지 말고 오직 권하여 그 날이 가까움을 볼수록 더욱 그리하자"(히 10:23-25).

위대한 사도 바울도 자신의 필요를 인식하고 있었다. 로마서를 보면, 그는 로마 교회에 보낸 편지에서 "내가 너희 보기를 간절히 원하는 것은 … 너희와 나의 믿음으로 말미암아 피차 안위함을 얻으려 함이라"(롬 1:11-12)고 썼다. 성경은 우리가 신앙의 모든 면에서 발전하기 위해 서로가 필요하다는 사실을 보여 준다. 그러나 우리가 핵심을 잃고 덜 중요한 문제에 초점을 맞출 때, 그래서 복음을 분명하게 보지 못할 때 우리는 어떻게 해야 할까? 세 가지를 권한다.

첫째, 우리의 마음을 그리스도께 더욱 집중하도록 자극하기 위해 우리는 성경에서 그리스도와 그의 복음을 위해 불타오르는 마음과 정신을 접해야 한다. 베드로전서 1장 12절에 따르면, 하나님의 보좌 앞에서 얼굴을 가렸던 스랍들이(사 6:1-3) 이제는 복음 안에 있는 측량할 수 없는 모든 장엄한 기이한 것들을 살펴보기를 원하고 있다. 여기서 '원하다'라고 번역된 헬라어 동사 '에피뒤메오'(*epithuméō*)는 '무언가에 마음을 두다', '간절히 원하다', 심지어 '욕망을 품거나 탐내다'라는 뜻이다. '살펴보다'라고 번역된 헬라어 동사 '파라쿱토'(*parakútō*)는 문자 그대로 '기대다' 또는 '몸을 구부리다'라는 뜻이다. 천사들이 다른 일에서 눈을 돌려 복음을 들여다보고 그것을 이해하기 위해 그들의 대단한 지각으로 온 마음을 다해 수고한다면 복음은 지극히 위대한 것임에 틀림없다! 그들의 반응을 알게 된 우리는 더 큰 열정을 갖고 복음을 살펴보아야 하지 않을까? 모든 피조물 중에서 가장 고귀한 피조물이 복음을 들여다보는 데서 가장 큰 기쁨을 느낀다면, 우리도 하찮은 것들을 제쳐두고 그들의 고귀한 자세에 동참해야 하지 않을까?

윌리엄 베이츠는 다음과 같이 썼다.

우리는 하나님의 복된 경륜을 담은 복음을 대충 가볍게 보는 것으로 만족한다. 우리는 복음을 진지하고 확고하게 고려하지 않지만, 복음 안에는 이 세상에서 시작되어 내세에서 완성되는 행복이 담겨 있다. 천사들은 사람처럼 이 구속과 관련되어 있지는 않지만, 그럼에도 복음을 살펴보기를 원한다. 그렇다면 그들을 보며 우리 자신을 자극하자. 그들은 창조주께 계속 충실했고, 그분의 은총 안에서 항상 행복했다. 그들은 하나님과 멀어진 적이 없기 때문에 화해가 불필요하다. 하지만, 그들은 우리처럼 성경책을 공부하는 학생이며, 복음의 이 신비를 묵상하는 데 온 힘을 다한다. 그들은 이 비밀을 들여다보기 위해 몸을 구부리고 있는데, 이는 그들이 복음을 아는 지식을 즐거워하고 그 지식을 발전시키고자 하는 그들의 열망을 나타낸다(벧전 1:12). 그렇다면 복음의 대상이며 목적인 우리는 더욱 분명한 의도를 가지고 복음을 연구함이 마땅하지 않겠는가![3]

성경에서 우리는 천사들뿐만 아니라 믿음의 선조들을 통해 자극을 받는다. 그들은 하나님의 구속 계획을 조금이라도 더 알기를 원하는 특별한 열정을 가지고 있었다. 아브라함은 믿음으로 그에게 주어진 약속을 통해 그리스도의 날을 보고 기뻐했다(요 8:56). 모세는 그리스도를 위하여 받는 수모를 "애굽의 모든 보화보다 더 큰 재물"(히 11:26)로 여겼다. 선지자들은 "연구하고 부지런히 살펴서 자기 속에 계신 그리스도의 영이 그 받으실 고난과 후에 받으실 영광을 미리 증언하여 누구를 또는 어떠한 때를 지시하시는지 상고"했다(벧전 1:10-11). 이방 민족에 속한 동방박사들은 단지 아기를 보고 그의 발 앞에 보물을 바치기 위해 그들의 고향을 떠나 먼 길을 여행했다(마 2:1-2, 9-11). 과부 안나는 메시아를 통해 임할 구원을 기다리며 "성전을 떠나지 아니하고 주야로 금식하며 기도함으로" 하나님을 섬겼다. 마침내 주를 뵈었을 때 그녀는 "하나님께 감사하고 예루살렘의 속량을 바라는 모든 사람에게 그에 대하여" 말했다(눅 2:37-38). 의로운 시므온은 예수님을 품에 안고 자신

3] Bates, *Harmony of the Divine Attributes*, 110.

의 삶의 모든 소망이 이루어졌고 이제 죽을 준비가 되었다고 선언했다. "주재여 이제는 말씀하신 대로 종을 평안히 놓아 주시는도다 내 눈이 주의 구원을 보았나이다"(눅 2:29-30). 마지막으로 사도 바울은 모든 사도들의 염원을 대변하며 이렇게 선언했다. "그러나 무엇이든지 내게 유익하던 것을 내가 그리스도를 위하여 다 해로 여길뿐더러 또한 모든 것을 해로 여김은 내 주 그리스도 예수를 아는 지식이 가장 고상하기 때문이라 내가 그를 위하여 모든 것을 잃어버리고 배설물로 여김은 그리스도를 얻고 그 안에서 발견되려 함이니"(빌 3:7-9).

둘째, 우리는 그리스도와 그의 복음을 사랑하는 교회와 사역자들의 격려를 구해야 한다. 우리는 결코 이스라엘에 충실한 사람은 나 혼자뿐이라고 생각한 엘리야의 의심에 빠지면 안 된다. 하나님께서는 항상 우리가 생각한 것보다 훨씬 더 많은 남은 자들을 예비해 두신다. 우리는 이 사실을 기억해야 한다(왕상 19:10-14). 우리는 성경적인 교회를 찾아내고 그 안에서 헌신적으로 친교하는 회원이 되기 위해 모든 노력을 기울여야 한다. 그러한 교회는 하나님을 경외하고 성경의 권위에 복종하며 그리스도와 그의 복음을 사랑하는 교회로 알려질 것이다. 그러한 교회는 그리스도를 항상 높이며 그리스도의 고상함과 비교될 수 없는 다른 모든 것(특히 현세적 번영)을 쓰레기처럼 여길 것이다.

셋째, 우리는 교회의 역사를 살펴봐야 한다. 교회 역사를 보면 수많은 경건한 남성과 여성이 있다. 그들의 글은 말 그대로 바다처럼 많은 성경 지식을 담고 있고, 그리스도의 탁월함에 대한 놀라운 통찰력을 지니고 있다. 특히 주목할 만한 글들은 종교개혁자들, 청교도들, 개혁파 침례교도들 그리고 초기 복음주의자들의 저술이다. 성경 외의 모든 저술과 마찬가지로 이 저작물들도 오류가 없는 것은 아니므로 검증이 필요하다. 하지만 이 부류의 저자들은 오늘날 우리에게서 거의 찾아볼 수 없는 성경에 대한 지식과 성경 해석 능력을 보여 준다. 복음으로 충만한 성도의 가장 훌륭한 예 중 하나는 아이작 암브로스이다. 암브로스의 다음 두 교훈은 우리로 하여금 그리스도께 더 많은 헌신을 하도록 도전하는 고전 작가들의 힘을 보여 준다.

오, 내가 당신의 마음을 설득하여 예수를 바라보게 할 수 있다면! 당신에게 예수님은 어떤 분이신가? 왜 당신의 생각은 그에게 있지 않은가? 왜 당신의 마음이 그와 계속 함께하지 않는가? 왜 당신의 가장 강한 소망과 매일의 즐거움이 주 예수님 및 그분을 따르는 데 있지 않은가? 무엇이 문제인가? 하나님께서는 당신이 이 빛에 가까이 갈 수 있도록 허락하셨다. 당신의 영혼이 경험하고 보는 것을 허락하셨다. 그분은 "내가 여기 있노라 내가 여기 있노라"(사 65:1)

하며 두 번이나 부르짖지 않으시는가? 아, 사악한 마음들아! 우리가 허영을 생각할 때는 얼마나 즐거워하며 지치지 않는가? 쾌락, 친구, 수고, 정욕에 대한 생각을 할 때는 얼마나 자유로우며 얼마나 자주 떠올리는가? 물론 불행, 잘못, 고통, 두려움에 대한 생각도 항상 우리 안에 있다. 하지만 우리의 모든 생각 속에 왜 그리스도는 없는 것인가? 유대인들은 에스더서 안에 하나님의 이름이 없다는 이유로 그 책을 땅에 던져 버렸고, 어거스틴은 키케로의 글에 예수님의 이름이 없다는 이유로 그 책을 던져 버렸다. 그리스도인들이여! 당신은 마음을 겸손하게 하고 그리스도가 없는 정욕적인 마음을 벗어 던져야 한다. 오, 고의적이든 연약함 때문이든 우리를 예수 그리스도로부터 멀어지게 하는 것들을 대항하라! 오, 당신의 생각을 이 땅의 모든 헛된 것에서 돌이키고, 당신의 영혼을 구부려 그리스도를 연구하라. 그러한 묵상을 습관화하며, 그리스도를 묵상하는 것을 드물게 또는 피상적으로 하지 말고, 그것에 마음을 정착시키고, 거기에 거하고, 그 기쁨으로 당신의 영혼을 적시라. 그리스도를 묵상함으로 오는 생수의 강을 마시며 그 위로의 바다에 당신의 사랑을 두라. 오, 당신의 영혼을 하늘의 갤러리에 묶고, 끊임없이 그리스도를 바라보라![4]

---

4) Ambrose, *Looking unto Jesus*, 32-33; 암브로스, 『예수를 바라보라』, 부흥과개혁사.

담론이나 글쓰기에 가장 훌륭한 주제는 예수 그리스도이시다. 어거스틴은 키케로의 작품을 읽고 그 웅변력을 칭찬하면서도 "예수님의 이름이 그 안에 없기 때문에 그것들은 달콤하지 않다"라는 문장을 남겼다. 베르나르도 거의 같은 말을 했다. "당신이 글을 쓸지라도 거기서 예수님의 소리가 들리지 않으면 내게는 전혀 와닿지 않는다." 참으로 우리가 하는 모든 말이 '예수'라는 소금으로 간을 하지 않는다면 아무런 맛을 내지 못할 것이다. 바울이 말한다. "내가 너희 중에서 예수 그리스도와 그가 십자가에 못 박히신 것 외에는 아무 것도 알지 아니하기로 작정하였음이라"(고전 2:2).[5]

작은 일에 더 큰 헌신을 보이는 사람들로부터 얻는 반면교사

잠언은 우리가 지혜로운 사람뿐만 아니라 어리석은 사람에게서도 배울 수 있다고 가르친다. 역사를 보면 사람들은 예수 그리스도의 복음이라는 가장 위대한 문제보다 여러 어리석은 것에 더 많은 헌신을 보여 왔다. 다음 사례에서 우리는 그러한 헌신을 살펴보고, 그들로부터 반면교사를 삼자. 사람들과 천사들의 모든 헌신을 받으시기에 합당한 유일한 분께 더 큰 헌신을 하자.

---

[5] Ambrose, *Looking unto Jesus*, 17; 암브로스, 『예수를 바라보라』, 부흥과개혁사.

말라기서는 메시아가 오실 때까지 약 400년의 공백이 있기 전에 하나님이 주신 마지막 말씀이다. 이 예언의 배경을 보면, 이스라엘 백성이 그들을 향한 하나님의 선하심을 깨닫지 못해 배은망덕하고 무관심하며 불순종했다. 하나님은 세상의 일반적인 관습을 지적하며 그들을 꾸짖으셨다.

"내 이름을 멸시하는 제사장들아 나 만군의 여호와가 너희에게 이르기를 아들은 그 아버지를, 좋은 그 주인을 공경하나니 내가 아버지일진대 나를 공경함이 어디 있느냐 내가 주인일진대 나를 두려워함이 어디 있느냐 하나 너희는 이르기를 우리가 어떻게 주의 이름을 멸시하였나이까 하는도다 너희가 더러운 떡을 나의 제단에 드리고도 말하기를 우리가 어떻게 주를 더럽게 하였나이까 하는도다 이는 너희가 여호와의 식탁은 경멸히 여길 것이라 말하기 때문이라 만군의 여호와가 이르노라 너희가 눈 먼 희생제물을 바치는 것이 어찌 악하지 아니하며 저는 것, 병든 것을 드리는 것이 어찌 악하지 아니하냐 이제 그것을 너희 총독에게 드려 보라 그가 너를 기뻐하겠으며 너를 받아 주겠느냐"(말 1:6-8).

위 질문은 우리 생각을 깊은 핵심에 이르게 한다. 아들이 아버지를 공경하는 이유는 아버지가 그의 조상이며 공급자이기 때문이다. 하인은 주인에게 은혜를 입었기 때문에 주인을 공경한다. 시민은 그들보다 높은 지위에 앉아 통치하며 보호하는 총독에게 최선을 다한다. 그러나 이들이 하나님과 비교될 수 있는가? 그들에게 우리가 행할 어떤 의무가 있다면, "자기 아들을 아끼지 아니하시고 우리 모든 사람을 위하여 내주시고" 또한 "그 아들과 함께 모든 것을 우리에게 [거저] 주신" 하나님께 우리는 어떻게 행하여야 하겠는가(참조. 롬 8:32)? "의인을 위하여 죽는 자가 쉽지 않고 선인을 위하여 용감히 죽는 자가 혹 있거니와 우리가 아직 죄인 되었을 때에 그리스도께서 우리를 위하여 죽으심으로 하나님께서 우리에 대한 자기의 사랑을 확증하셨느니라"(롬 5:7-8).

하나님께서 그분의 아들을 통해 우리를 위해 행하신 일로 인해 우리는 얼마나 큰 빚을 하나님께 진 것인가? 그 일은 우리가 고개를 끄덕이거나, 잠깐의 묵상이나, 궁색한 헌신을 하는 것보다 훨씬 더 많은 것을 받을 자격이 있지 않은가? 그리스도와 그의 복음이 우리 생각의 중심이 되어야 하고, 우리의 심장이 뛸 때마다 그분께 감사를 드려야 마땅하지 않은가? 석양, 바다, 별, 이 세상의 부귀영화가 그리스도와 비교가 될 수 있는가? 찬란한 저택과 금빛 거리가 그리스도와 비교될 수 있는가? 사람이 별 것 아닌 것을 위해 헌신할 수 있다면, 소중한 것을 위해서 헌신해야 하는 것은 마땅하지 않은가?

찰스 스펄전은 이렇게 썼다.

얼마나 많은 눈이 태양을 흘긋 바라보는가! 얼마나 많은 사람들이 눈을 들어 하늘의 별들을 바라보는가! 그러나 세계 역사에는 매일 힘차게 달려가는 저 태양보다 훨씬 더 많은 관중을 불러 모으는 위대한 사건이 하나 있다. 해와 달과 별들이 그들의 행로를 따라 행진하며 찬사를 얻는 것보다 매일 더 많은 찬사를 받는 위대한 사건이 하나 있다. 그 사건은 바로 우리 주 예수 그리스도의 죽음인 십자가 사건이다.

기독교 시대 이전에 살았던 모든 성도들의 시선은 언제나 이 사건을 향했고, 수천 년을 거슬러 현대의 모든 성도들의 시선 역시 이 사건을 바라보고 있다. 하늘의 천사들도 영속적으로 그리스도를 바라보고 있다. 사도 베드로는 이 사건을 가리켜 "천사들도 살펴보기 원하는 것"이라고 말했다. 구속받은 자들의 무수한 눈은 그리스도께 영원히 고정되어 있으며, 눈물 많은 이 세상을 지나는 수많은 순례자들은 오직 그리스도만을 믿으며 하늘에 계신 그리스도를 바라보고 주와 친교하기를 소망한다.

사랑하는 자들이여! 우리가 갈보리산을 향하는 동안 우리는 많은 사람들과 함께할 것이다. 우리는 우리 구주의 죽음이라는 두려운 비극을 홀로 지켜보는 관중이 되지 말고, 하늘의 기쁨과 즐거움의

중심인 갈보리와 우리 주이시자 구주이신 예수 그리스도의 십자가를 향해 눈을 돌려야 한다.[6]

고린도전서 9장 25절에서 바울은 썩어질 것을 얻기 위해 모든 것을 바치는 사람들을 강력한 예로 삼는다. "이기기를 다투는 자마다 모든 일에 절제하나니 그들은 썩을 승리자의 관을 얻고자 하되 우리는 썩지 아니할 것을 얻고자 하노라." 우리는 썩어 없어질 메달과 신속히 사라지는 명성을 얻기 위한 단 한 번의 기회를 위해 평생을 바치는 현대의 올림픽 경기자들을 칭찬한다. 우리는 아름다움을 표현하기 위해 익명과 가난 속에서 평생을 노력하는 작가, 화가, 여러 예술가들을 존경한다. 우리는 홀로 세월을 지내며 온 마음과 정신을 다해 무언가를 찾으려는 과학자, 수학자, 철학자들을 높이 평가한다. 미지의 세계를 발견하기 위해 엄청난 희생과 고난을 감내하는 탐험가들에게 박수를 보낸다. 하지만 그리스도와 그 사역을 통해 하나님의 영광을 찾고, 그 영광에 의해 변화되고, 그 영광을 알리기 위해 평생을 바칠 기회를 부여받은 그리스도인들은 이들의 모습을 보고 부끄러움과 책망을 느껴야 하지 않을까? 이들이 현세적이고 유한한 것을 위해 예외적인 훈련

---

[6] Charles Spurgeon, *The New Park Street Pulpit* (Pasadena, Tex.: Pilgrim Publications, 1981), 4:65.

을 할 수 있다면, 우리 그리스도인들은 영원하고 무한한 것을 위해 우리 자신을 더욱 훈련시켜야 하지 않을까?

존 플라벨은 이렇게 썼다.

> 예수 그리스도와 그가 십자가에 못 박히신 일에 관한 교리보다 더 탁월하거나 설교하고 연구할 만한 교리는 없다. 그리스도 예수를 아는 지식의 고상함에 비하면 다른 모든 지식은 아무리 세상에서 부풀리더라도 단지 배설물일 뿐이다(빌 3:8) "그 안에는 지혜와 지식의 모든 보화가 감추어져 있느니라"(골 2:3). 에우독소스(Eudoxus)는 태양의 영광에 너무 감화되어 자신은 태양을 보기 위해 태어났다고 생각했다. 그렇다면 그리스도인은 자신은 주 예수의 영광을 보고 기뻐하기 위해서 태어났다고 여겨야 하지 않겠는가![7]

아이작 암브로스도 다음과 같이 강조했다.

> 그분을 연구하고 아는 것만으로는 충분하지 않고, 우리가 얻은 지식의 분량에 따라 그분을 깊이 생각하고 사색하고 묵상하고 숙고해야 한다. 특히 숙고는 어떤 주제에 대해 상세하게 따지며 마음과

---

7) Flavel, *Works of John Flavel*, 1:34.

생각을 확장하는 것이다. 숙고는 우리의 생각을 한 가지에 고정시키는 것이며, 그 효과가 우리의 감정과 삶 속에 나타날 때까지 우리의 마음을 어떤 영적인 문제에 꾸준히 집중하는 것이다. 우리는 알고 있으면서도 우리가 아는 것에 대해 숙고하지 않을 수 있다. 하지만 우리의 마음과 생각의 의도가 어떤 잘 아는 대상에 사로잡힐 때 다른 것들을 주목하지 않게 된다. 그것이 숙고다. 오, 우리가 영원의 처음 기간에 예수님을 그렇게 숙고할 수 있다면, 우리는 적어도 잠시 동안 다른 모든 것들을 잊을 수 있을 것이다!

그리스도인들이여, 나는 당신이 세상에 대해 죽고, 다른 모든 것에 대해 무감각해지고, 오직 예수님만 바라보기를 바란다. 광적인 사람들은 그들이 붙든 것에 마음이 사로잡혀 있어 당신이 그들에게 하는 말에 무감각하다. 반면, 영적인 사람의 마음을 사로잡는 것이 있다면, 그것은 바로 그리스도다!

위대한 수학자였던 아르키메데스(Archimedes)에 관해 이런 이야기가 있다. 그가 있던 도시가 점령당했을 때, 죽음의 전쟁 도구들이 귀를 찢을 듯이 울리고 모든 것이 소란스러웠지만 그는 선을 그리느라 너무 바빠서 아무런 소리도 듣지 못했고 위험이 있다는 사실도 몰랐다. 선을 긋는 것이 그의 마음을 차지하여 다른 것들을 고려하지 않게 했다면 신자들은 그리스도에 대해 얼마나 더 많이 숙고해야 하겠는가! 육신의 마음, 즉 이 땅의 것들을 생각하는 사람이 세상에 속한 것들에 그토록 열중한다면, 하나님과 그리스도께 속한 영원한 것들을 볼 수 있는 은혜로운 마음은 다른 무엇도 마음에 두지 않기 위해 그리스도께 얼마나 많이 사로잡혀야 하겠는가? 오 나의 영혼아, 그리스도를 숙고하는 일에 마음을 다하라.

… 영원한 것과 연결되어 있지는 않지만 특별한 용도로 사용되는 가치 있는 것들이 이 세상에 많이 있다. 얼마나 많은 사람들이 예술과 과학 등, 영원한 것과 비교할 때 가치 없는 것들을 공부하느라 머리 아프게 하며 영혼을 낭비하는가! 반면, 바울은 "너희 중에서 예수 그리스도와 그가 십자가에 못 박히신 것 외에는 아무 것도 알지 아니하기로 작정하였음이라"(고전 2:2)고 말한다.

… 예수 그리스도의 탄생, 삶 그리고 죽음 등 모든 부분에서 그분을 아는 것이 구원의 지식이다. 오, 고통이나 공부, 눈물이나 기도, 평안이나 부, 재물이나 이름, 생명이나 자유 등 이 모든 것을 이 진주를 위해 다 팔아도 아깝지 않다. 그리스도께는 그만한 가치가 있다. 그러므로 당신이 그분을 위해 당신 자신과 온 세상을 다 내줄지라도 결코 과하다 할 수 없다. 그리스도를 연구하는 것은 연구 중의 연구이며, 그리스도를 아는 것은 이 세상이나 오는 세상에 필요한 모든 것에 대한 지식이다. 오, 그리스도를 공부하라.[8]

---

8) Ambrose, *Looking unto Jesus*, 65-66, 196; 암브로스,『예수를 바라보라』, 부흥과개혁사.

윌리엄 베이츠도 『신성한 속성의 조화』에서 이 주제에 대해 언급했다.

철학자이자 왕의 신하였던 세네카(Seneca)는 오직 별이 빛나는 하늘을 관조할 수 있다는 이유만으로 자신의 존재를 소중히 여겼다. 그는 궁창의 아름다움을 눈으로 보았을 뿐, 그 안에 있는 영광과 그 영광에 이르는 길에 대해서는 무지했다. 하지만, 그는 우리를 부끄럽게 한다. 그는 궁창을 보며 땅을 경멸하게 되었고, 천체를 바라보지 않고 세상에 머무는 삶은 인간의 삶이 아니라 고통하는 짐승의 삶이라고 말했다.[9]

사소한 무관심도 엄중하게 대처하라

그리스도인의 삶에는 긴급하고 엄중하게 다루어야 할 문제들이 있다. 그리스도를 알고자 하는 마음이 냉담해지고 무기력해지는 것이 그중 하나다. 마태복음 5장 29-30절에서 예수님은 가장 강하고 급진적인 훈계 중 하나를 하셨다. "만일 네 오른 눈이 너로 실족하게 하거든 빼어 내버리라 … 또한 만일 네 오른손이 너로

9] Bates, *Harmony of the Divine Attributes*, 109.

실족하게 하거든 찍어 내버리라." 예수님은 과장된 표현으로 말씀하셨지만, 요점을 잘 파악해야 한다. 그 요점은 마음의 죄악된 행동과 태도는 그것이 심각한 징계를 초래하지 않도록 가장 엄격하게 다루어져야 한다는 것이다. 요한계시록 2장 5절에서 예수님은 첫사랑을 버린 에베소 교회를 향해 "그러므로 어디서 떨어졌는지를 생각하고 회개하여 처음 행위를 가지라 만일 그리하지 아니하고 회개하지 아니하면 내가 네게 가서 네 촛대를 그 자리에서 옮기리라"라고 경고하셨다.

우리는 큰 죄와 작은 죄를 구분하는 경향이 있다. 우리는 살인과 부도덕을 하나님의 율법에 대한 가증스런 위반이라고 생각하기에 그것을 두려워하고 타락하지 않도록 경계선을 설정한다. 혹시라도 우리 자신이나 다른 사람이 그런 끔찍한 죄에 빠지게 된다면, 우리는 수치심과 애통함으로 가득 차게 된다. 그러나 우리는 종종 공개적으로 추문을 일으키지 않는 다른 여러 사소한 죄악들은 어느 정도는 괜찮다고 생각한다. 하지만 그리스도와 그의 복음에 대한 무관심이 다른 모든 종류의 죄의 뿌리가 아니겠는가? 이것이 영적인 퇴보의 시작이 아니겠는가? 열리면 많은 위험을 초래하는 판도라의 상자가 아니겠는가?

그리스도와 우리를 위한 그의 구속 사역에 대해 우리의 마음이 미지근한 것을 발견할 때, 우리는 가장 엄중하게 대처해야 한다.

우리는 우리가 어리석게 행동하고 있으며 우리의 방임은 광기와 다를 바 없음을 인정해야 한다. 그런 다음 회개하고, 헌신을 새롭게 하고, 하나님의 말씀과 기도로 삶을 채우고, 경건한 교제를 추구함으로써 즉각적인 반격에 나서야 한다. 에드워드 페이슨은 이렇게 썼다.

나의 친구들이여! 기독교의 진리에 있어서 우리가 자연스럽게 그리스도의 복음에 무관심해지는 것보다 더 어리석은 아둔함은 없을 것이다. 이런 무관심은 끔찍하고 안타깝다. 하나님께서 그의 피조물에게 묵상하도록 제시하신 모든 놀라운 것들 중에서 복음이 계시하는 것만큼 우리의 깊은 관심과 주의를 자극하는 것은 없다.[10]

윌리엄 베이츠도 모든 세상적인 추구보다 복음을 추구하는 것이 가장 중요하다는 데 동의했다.

더 의아한 것은, 사람들이 그들의 귀중한 시간을 아무런 유익이 없는 허망한 호기심을 추구하는 데 사용하는 것이다. 어떻게 하면 형집행을 피할 수 있을까만 생각하는, 삶과 죽음의 기로에 선 사형

---

10) Payson, *Complete Works of Edward Payson*, 3:148.

수가 자연과 예술을 공부하고 있을까? 다가올 진노를 피할 수 있는 짧고 불확실한 시간을 받은 사람이 구속자에 대해 알기를 게을리하고 도리어 구원과 무관한 것들을 연구하는 데 머리를 쥐어짜고 있다면 그는 미친 사람과 다를 바 없을 것이다. 특히 그리스도에 대한 계시가 너무나 분명할 때 그러하다. 믿음으로 말미암는 의는 우리에게 그 의를 찾기 위해 하늘에 올라가라고 하거나 깊은 무저갱으로 내려가라고 요구하지 않는다. 복된 불멸에 이르는 분명한 길을 발견할 수 있도록 복음의 말씀이 우리에게 가까이 있다(롬 10:6-7).[11]

---

11) Bates, *Harmony of the Divine Attributes*, 109.

13.

마지막 권면

그리스도 안에 있는 친애하는 형제자매들이여! 내가 당신의 마음과 생각에 던진 말보다 무엇을 더 말할 수 있겠는가? 그리스도의 영광에 대한 정확한 묘사는 인간의 언어든 천사의 언어든 언어의 한계를 넘어서는 것이 아니겠는가? 그리스도에 대한 우리의 빈약한 지식조차도 우리의 모든 한계를 넘어선다. 모든 학문 분야의 가장 위대한 주제는 그분의 산에 이르는 산기슭 정도에 지나지 않다. 수치심 없이 그분의 곁에 설 수 있는 사람이 있을까?

플라벨의 말을 다시 떠올리자. "오, 모든 아름다운 것들아! 너희를 가장 아름다우신 주 예수 곁에 두면 너희는 검고, 기형적이며,

아름답지 않구나!"[1]

　나는 내 마음을 담아 당신이 그리스도의 복음 안에서 하나님의 영광을 구하기를 간청한다. 그 일을 삶의 규율로 삼고 매일 실천하라. 그리스도보다, 그분 안에서 하나님의 영광을 구하는 일보다 당신의 헌신, 시간, 힘, 목숨을 바칠 더 나은 대상이 있을 수 있는가? 없다! 당신은 그런 대상이 없다는 것을 잘 알고 있다! 당신이 신자라면, 주께서 친히 당신에게 자신을 반복해서 입증하셨다는 사실을 잘 알고 있다. 당신이 어리석게도 다른 대상을 쫓아다니며 사랑할 때마다, 당신은 공허함과 더러움과 지침과 불만족에 처한 자신을 발견했다. 그러나 주께로 돌아올 때마다 그분은 기대 이상의 자비와 연민과 사랑을 베푸셨다.

　그렇다면 우리의 구주를 찾고 그분의 인격과 행적의 위대함, 즉 그분이 살아오신 삶과 겪으신 고난들, 그분이 얻으신 승리들, 우리를 대신하여 그분이 이루신 구원의 위대함을 발견하기로 굳게 결심하고 매일 새롭게 결심하자. 그분과의 개인적인 만남을 더 깊이, 더 높이, 더 오래 갖도록 하자. 우리가 이와 같은 왕을 만나는 놀라운 특권을 소홀히 할 수 있겠는가? 세상은 우리를 찾아와서 쓸모없는 돌들을 내어놓는다. 이때 우리는 이런 자질구레한 것들

---

[1] Flavel, *Works of John Flavel*, 1:xix-xx.

때문에 하늘의 다이아몬드를 멀리하겠는가? "의인의 길은 돋는 햇살 같아서 크게 빛나 한낮의 광명에 이르기에"(잠 4:18)

우리는 이 세상의 헛된 자질구레한 것들과 그것들의 모든 오락에서 벗어나 영광을 향한 좁은 길을 따라야 한다. 때때로 어둠 속을 걸어야 하고 빛이 없을지라도 주님의 이름을 신뢰하고 우리 하나님을 의지하자(사 50:10). 어둠은 결국 그림자에게 자리를 내주고, 그림자는 빛에게 자리를 내주고, 빛은 온종일 세상을 비출 것이다.

우리가 그분을 찾고자 하면 반드시 만나 주실 것이다. 호세아 선지자는 "우리가 여호와를 알자 힘써 여호와를 알자"라고 권면한다. 그리고 이를 따를 때의 약속을 보라. "그의 나타나심은 새벽 빛 같이 어김없나니 비와 같이, 땅을 적시는 늦은 비와 같이 우리에게 임하시리라"(호 6:3). 이 권면은 문자 그대로 '알기 위해 추구하자'는 것이다. 사냥꾼이 사슴을 추적하듯이 그분을 추적하자. 놀라운 추격전을 벌이면서 그분을 추적하자. 그리고 그분이 우리에게 붙잡히기를 허락하시면, 야곱과 모세처럼 "당신의 영광을 더 많이 보여 주시며 복을 베푸실 때까지 당신을 보내지 않겠습니다!"라고 담대하게 요구하자(참조. 창 32:26; 출 33:18).

당신은 "우리가 감히 주님에 대해 그렇게 담대하게 말할 수 있을까? 그분이 우리를 만나 주실 것을 확신할 수 있는가?"라고 질문할 수 있다. 호세아는 "그의 나타나심은 새벽 빛 같이 어김없나니 비와 같이, 땅을 적시는 늦은 비와 같이 우리에게 임하시리라"고 대답한다. 당신은 내일 해가 떠서 새벽과 새날을 가져올 것이라고 믿는가? 그렇다면 마땅히 그리스도께서 당신에게 오실 뿐만 아니라 당신의 영혼에 물을 주는 봄비처럼 임하실 것을 더욱 확실하게 믿으라. 주님은 그분을 찾는 자를 기꺼이 만나 주는 분이기에 당신이 주를 만나게 되는 것은 가장 확실하다. 주님은 예레미야에게 "너희가 온 마음으로 나를 구하면 나를 찾을 것이요 나를 만나리라"(렘 29:13)라고 말씀하셨다. 다윗은 솔로몬에게 "네가 만일 그를 찾으면 만날 것이요"(대상 28:9)라고 확신을 주었다.

이 약속은 선지자와 왕과 순교자들에게만 주어진 특권이 아니다. 하나님의 백성 중 고집 센 자들에게도 해당된다. 하나님께서는 포로 생활을 하는 이스라엘 백성에게도 그들이 주를 찾으면 만나 주실 것을 약속하셨다. "그러나 네가 거기서 네 하나님 여호와를 찾게 되리니 만일 마음을 다하고 뜻을 다하여 그를 찾으면 만나리라"(신 4:29). 하나님께서는 선지자 이사야를 통해 이 약속을 더욱 확장하신다. "나는 나를 구하지 아니하던 자에게 물음을 받았으며 나를 찾지 아니하던 자에게 찾아냄이 되었으며 내 이름을 부르지 아니하던 나라에 내가 여기 있노라 내가 여기 있노라 하였노라"(사 65:1). 우리는 이 약속을 붙들고 절박하게 "여호와를 만날 만한 때에 찾고 가까이 계실 때에 그를 부르자"(참조. 사 55:6). 주님의 선하심을 맛보고 경험했다면(시 34:8), 그분의 식탁에 더 오래 머물도록 하자. 날마다 그분을 더 많이 보고 음미하도록 하자.

결론적으로, 당신이 복음 안에서 그리스도를 찾는 열심을 새롭게 하고, 끊을 수 없는 끈으로 당신의 헌신을 강화하기 위해 지식이 풍부한 사람들의 말을 남긴다.

오! 어떻게 우리의 모든 마음을 그리스도께 사로잡히게 할까? 그리스도인들이여! 당신의 눈을 주께로 돌리라. "보라, 예수님을 보라." 그러한 그리스도가 복음 안에서 당신에게 제시될 때 왜 이 세상의 장난감을 바라보고 서 있는가? 세상이 당신을 위해 죽을 수 있는가? 세상이 당신을 아버지와 화목하게 할 수 있는가? 세상이 당신을 천국으로 인도할 수 있는가? 그리스도께서 전부시니, 우리 주님을 우리의 바람과 소망과 믿음과 사랑과 기쁨의 완전하고 충만한 대상으로 삼으라.

아침에 가장 먼저, 밤에는 가장 마지막까지 주님만을 생각하라. 나는 신자인 당신에게 한마디만 더 하고 싶다. 오! 예수 그리스도의 모든 삶을 당신에게 적용하라. 그분이 당신을 위해 아버지 품에서 나오시고, 당신을 위해 울고, 당신을 위해 피를 흘리셨으며, 당신을 위해 생명을 부어 주셨고, 그 후 당신을 위해 부활하셔서 하늘에 오르셔서 하나님 우편에 앉아 계신다. 지금 그리스도께서는 당신을 위해 온 세상을 다스리시고, 당신을 위해 중보하신다. 그분은 장차 세상 끝날에 다시 오셔서 당신을 자신에게로 영접하여 당신과 함께 영원히 사실 것이다. 이 사실을 항상 기억하라. 정녕 당신이 이렇게 주를 믿고 살면 당신의 삶은 평안하고 당신의 죽음은 향기로울 것이다. 이 땅에 임한 천국이 있다면, 당신이 이 복음의 의무, 즉 '예수님을 바라보는 것'을 실천하고 행하라. 그러면 당신은 천국을 찾아 누리게 될 것이다.[2]

성육신하시고 십자가에 못 박히신 그리스도께서 우리를 구속하신 그 위대한 사역을 진지하게 생각하라. 그 생각이 우리의 마음에서 떠나지 않도록 붙들라. 이를 위해 그 아름다운 대상에 대한 더 많은 것들을 찾으려고 노력하라. 그러한 발견은 하나도 빠짐없이 우리의 애정을 차지할 것이고 우리로 거룩함을 연구하도록 이끌 것이다.[3]

친애하는 형제여, 그리스도는 밭에 감추어진 값진 진주다(마 13:46). 당신은 어떤 대가를 치르더라도 그 보물을 얻고자 작정한

---

[2] Ambrose, *Looking unto Jesus*, 694; 암브로스, 『예수를 바라보라』, 부흥과개혁사.
[3] Alexander Nisbet, *Geneva Series Commentaries: An Exposition of I & II Peter* (Carlisle, Pa.: Banner of Truth, 1982), 46.

지혜로운 상인이 되겠는가? 아, 형제여, 그리스도는 값 주고 살 수 없는 너무나 귀한 보화다.[4]

---

4) John Flavel, *The Fountain of Life Opened Up*, ed. Anthony Uyl (Woodstock, Ontario: Devoted Publishing, 2018), 5.

사명선언문

너희가 흠이 없고 순전하여……세상에서 그들 가운데 빛들로
나타내며 생명의 말씀을 밝혀 _ 빌 2:15-16

1. 생명을 담겠습니다
만드는 책에 주님 주신 생명을 담겠습니다.
그 책으로 복음을 선포하겠습니다.

2. 말씀을 밝히겠습니다
생명의 근본은 말씀입니다.
말씀을 밝혀 성도와 교회의 성장을 돕겠습니다.

3. 빛이 되겠습니다
시대와 영혼의 어두움을 밝혀 주님 앞으로 이끄는
빛이 되는 책을 만들겠습니다.

4. 순전히 행하겠습니다
책을 만들고 전하는 일과 경영하는 일에 부끄러움이 없는
정직함으로 행하겠습니다.

5. 끝까지 전파하겠습니다
모든 사람에게, 땅 끝까지, 주님 오시는 그날까지
복음을 전하는 사명을 다하겠습니다.

서점 안내

광화문점　서울시 종로구 새문안로 69 구세군회관 1층
　　　　　　02)737-2288 / 02)737-4623(F)

강남점　　서울시 서초구 신반포로 177 반포쇼핑타운 3동 2층
　　　　　　02)595-1211 / 02)595-3549(F)

구로점　　서울시 동작구 시흥대로 602, 3층 302호
　　　　　　02)858-8744 / 02)838-0653(F)

노원점　　서울시 노원구 동일로 1366 삼봉빌딩 지하 1층
　　　　　　02)938-7979 / 02)3391-6169(F)

일산점　　경기도 고양시 일산서구 중앙로 1391 레이크타운 지하 1층
　　　　　　031)916-8787 / 031)916-8788(F)

의정부점　경기도 의정부시 청사로47번길 12 성산타워 3층
　　　　　　031)845-0600 / 031)852-6930(F)

인터넷서점　www.lifebook.co.kr